だから、その話し合いで子どもの「読み」は深まらない

西田太郎 著

明治図書

まえがき

読むという行為は他者との対話を内包しています。ここでの他者とは、実体としての他者に限ったことではなく、読む対象としてのテクストが備えている他者であり、自己内に取り込まれる他者のことです。

テクストは忽然と姿を現すものではありません。社会文化歴史的な文脈の中に生成されています。テクストに投射された作家の断片は社会生活や時代の背景に紐づいています。また、生まれたテクストはメディアとして文化として位置づきます。一方、読み手はテクストをできるだけ妥当な形で読もうとしながらも、自身の実生活の経験や趣味嗜好、文化的な興味関心などを恣意的に持ち込んでいきます。さらに、時間によって私は次の瞬間、内的な他者に変わり、今の私と向き合うわけです。読み手によるテクストの対象化は、時空間を伴って恣意性・妥当性・他者性を付与することといえます。つまり、書き手もテクストも読み手も、他者と切り離された状況に立つことは不可能なのです。

読むことが個に閉じたものではなく、他者との相互作用を内包した行為であるならば、実体としての他者との協同的な学びが求められる教室ではなおさら他者の存在は重大なものになるでしょう。教室での読みでは、実体としての他者とのコミュニケーションが強調されやすいということです。

読みの学習における対話が多様な他者を対象としているならば、そこでの対話は「話し合う」という一言では言い表せるはずがありません。松本修は、読みの学習における自他の解釈の交換を巡る一連の営為を指して「読みの交流」と呼びました。読みの交流は、他者との相互作用を伴う言語活動です。

西田（2021）は読みの交流を次のように述べています（4頁）。

読みの交流は、複数の視点から検討し合う協同的な学びを構築する中で、教材テキストと他者の発話を一つの媒体（文化的道具）としながら、そこに新たな意味を付与することで自己内に対象化された文学テクストを創造する行為の集合体である。読みの交流での行為は、文学テクストとのかかわり、他者とのかかわり、自己とのかかわりという三つの位相があり、それぞれが社会文化的な文脈を形成している。

これは読みの交流を社会文化的な文脈から説明しようとしたものです。ここには、文学テクストを媒体とした読むという行為と他者の発話を媒体とした話し合いという行為を認めています。

このような背景から、本書では「話し合い」という用語を「読みの交流」と区別して扱っています。これは、読みの交流における話し合いがテクストに対する読みを更新するものであるためには、読みの交流がどのような言語活動であるのかを理解し、話し合い以外の部分を効果的に引き出すことも重要になるからです。

本書は三つの章で構成しています。第1章では読みの交流にかかわる理論的な背景を述べます。読みの交流における「話し合い」をいかにして充実させるか、という本書の趣旨に沿って、導入・話し合い・全体共有という学習活動を切り口にしました。

これを受けて第2章では学習場面を取り上げ、その背景にある問題の所在を明らかにしていきます。場面例は、話し合い前・中・後を区切りとしています。本書は基本的に学習者が学ぶ状況をデザインする教師の視点に立っています。ただし、第2章の各項タイトルは、話し合い前・中では教師を主語としたものになっています。これは読みの交流が導入での学習者の気づきから始まっていること、話し合いそのものに対する教師の働きかけが難しいことを示しています。だからこそ、教師は話し合い前・中の学習者の姿を具体的に想定し、導入や全体共有において、適切な手立てを用いる必要があるのです。

第3章では、小学校第一学年から第六学年までの文学教材を扱い、第2章で示している手立てを用いた学習デザインを提案します。各項の前半は教材の特徴や単元全体の構造についての説明です。後半は学習場面を取り上げていますが、紙面は単元の時系列ではなく、第2章に沿って話し合い前・中・後の順に構成しています。また、学習場面は想定される学習者や教師の発話を挙げながら学習デザインの意図や留意点を示します。

本書は、「理論と実践の往還」によって教室でのよりよい学びを追究するものです。教室での学びの実態は特定の理論で説明できるほど単純なものではありません。しかし、教師がそこへ用いる手立てには理論的な背景があってこそ持続的安定的なものとなります。だからこそ本書では、実践場面と国語科教育学における先行研究との結びつきを割愛することなく、読みの交流を充実させるための手立てを提案していきます。

2024年6月

西田　太郎

もくじ

第2章

話し合いで「読み」が深まらない全場面と解決策

話し合い中

話し合い後

第3章

話し合いで「読み」を深める授業モデル

第1章

なぜ、その話し合いで「読み」は深まらないのか

01 他者と読むということ

教室での読み

読みの学習は、学習者が自己とテクストと他者との対話によって主体的な読みを実現する営みです。ここでの主体的は、例えば「自らの解釈を追究する姿勢」といえるでしょう。府川（1985）は、テクストそのものが産出される過程にある「書き手の対話」、読む過程にある「読み手とテクストとの対話」、教室での読みが備える「自己と他者との対話」という三つの対話の層を読みの学習に位置づけています。府川の述べる対話の層は、テクストそのものが産出される際に作家が経る対話、テクストの語や文、文脈が意味づけられる際に読者が経る対話、自他の解釈を交換しつつ更新を図る学習集団が経る対話、という三つの行為の位相を提示しています。また、松本（2006）は、文学の読みを「意味づける行為に終わってはならないのであり、本質的に伝える行為に結びついているもの」（19頁）と述べています。こういった指摘は、教室に持ち込まれるテクストの社会的な広がり、あるいはコミュニカティブな性質を明らかにしています。読みの学習をデザインするためには、教室でテクストを読むという行為がどのようなものであるのか、教師の理解が必要なのです。

読みの交流の理論モデル

ここでは、松本（2015）が示す読みの交流の理論モデル（図1）を参照し、学習活動としての読みの交流の構造を掴んでいきたいと思います。

まず解釈形成は、テクストに基づくリソース（テクストの文脈）と個々の読者がもつ経験や知識、立場に基づくリソース（状況の文脈）をもって行われます。交流は解釈の交換を行うものですが、解釈そのものの意味を理解する（認知的変容）だけでなく、背景にある個々のリソースや読み方を認める（メタ

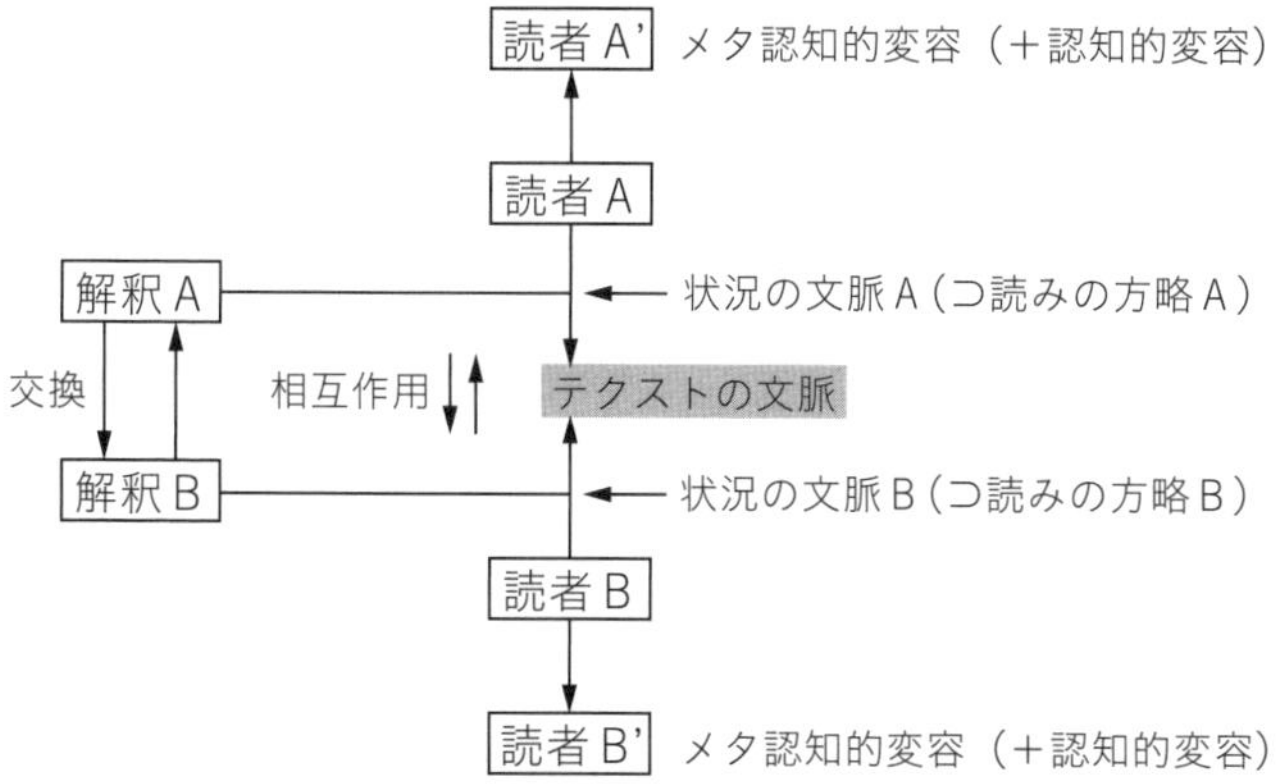

図1　読みの交流の理論モデル（松本，2015，p.12より引用）

認知的変容）ことが求められます。教師は、問いに対する直接的な答えより、それを導き出した考え方や提示される叙述の関連、理由づけといった読み方の更新に気を配らなければなりません。

学習者は、解釈形成と話し合いを同時に行っています。また、他者の解釈のみならずその形成過程まで捉える必要に迫られています。西田（２０２１）は学習者（主体）が読みの交流を通してテクストを読むという状況を、教材テキストと他者との発話という二つの異なる媒体から示しています（図２）。テクストを読むための方法と、他者とかかわるための方法は異なり、それぞれに応じた能力が求められるのです。読みの交流がもつこのような構造を加味すると、

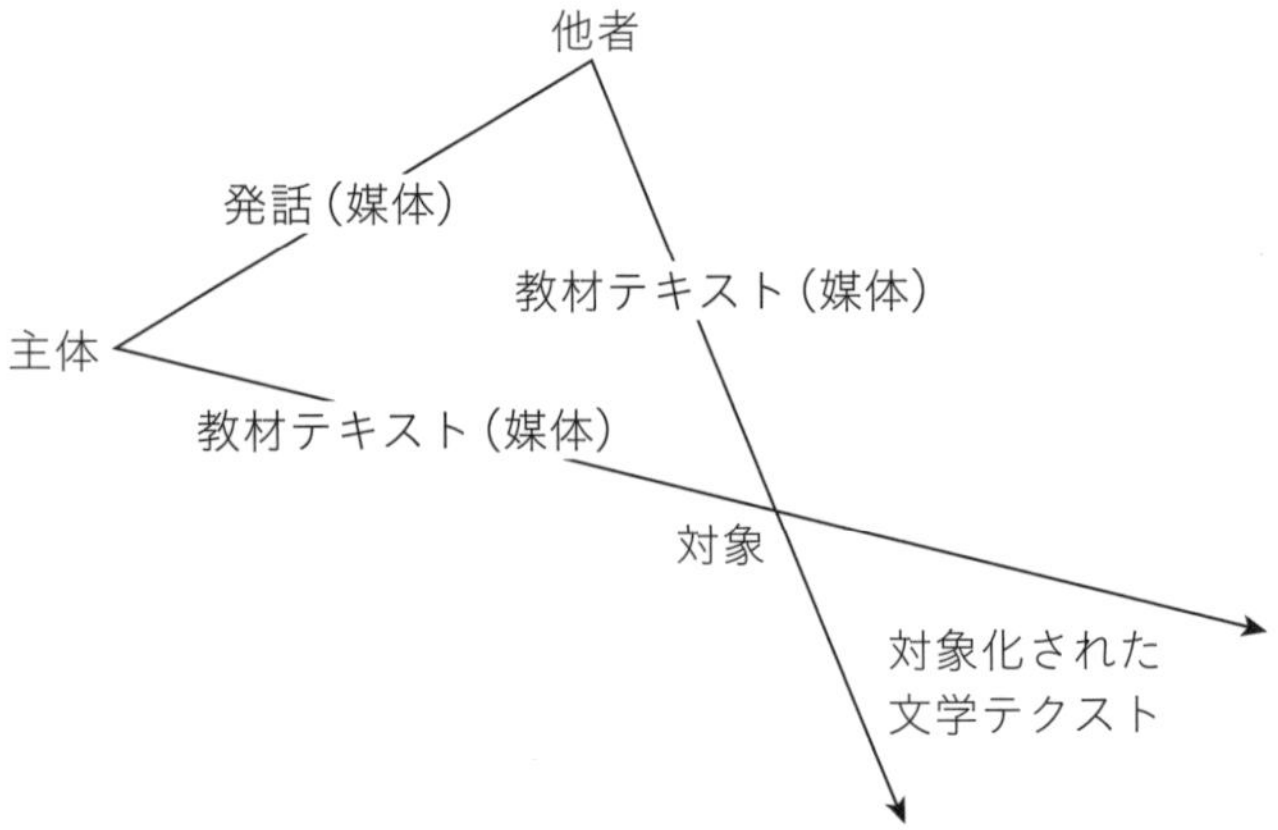

図２　「主体－主体」の相互作用を含めた解釈形成
（西田，2021，p.55より引用）

読みの交流が学習者にとっていかに複雑な活動であるかということを思い知らされます。

読みの交流における協同性

ここまで他者との相互作用を期待した読みの学習の構造を述べてきました。ただ、読みの学習は、他者との対話を必要とする協同的な学習、協同的な読みを形成する場でありながら、いわゆる協同学習とはなり得ません。今日、「協同学習」（例えばJohnson, Johnson, & Smith, 1998）や『学び合い』（例えば西川・片桐，2007）、「学びの協同体」（例えば佐藤，2012）など、活動理論を背景とした対話的な学習が注目されています。読みの学習でもグループ単位での解決を伴う分業・成果共有型の活動が試行されていますが、これらは協同学習の題材として文学テクストの解釈を用いるに過ぎません。

本来、こういった学習形態は、読みの学習との相性が悪いものであると考えます。溝上（2014）は、アクティブラーニングが近接する概念として、協同学習を挙げています。その中で、協同学習と協調学習の差異についてそれらの定義づけを参照しながら、「プロセス（協同学習）かプロダクト（協調学習）か」という視点を挙げて整理します。読みの交流での相互作用を「プロセス（協同学習）かプロダクト（協調学習）か」という視点でいえば、プロセスを重視したものとなります。読みの交流において、学習者は読みの目的を共有していながら、成果は共有することができません。その理由は先述した通り、読むという行為は個々の意味づけを求めるからです。読みの成果として得られる解釈は最終的に個人に寄与するものです。読みの交流における協同性は、個に提示される多様な解釈の可能性や妥当性を生むものなのです。

読みの学習における教師の役割

交流を中核とした読みの学習では、教師が学習集団全体に働きかける機会は限られています。交流が自己とテクストと他者との対話による主体的な活動であればあるほど、教師の直接的な介入は逆効果になるからです。むしろ状況整備・調整といった舞台裏での活躍が求められます。

そもそも読みの学習の中心となる第二次では、学習展開が定型化します。それは言語活動の充実、他教科との関連を図ったダイナミックな単元であっても同様です。読む行為そのものを大事にしようとすれば、学習展開そのものがシンプルになることは必然です。第二次での本時の展開例はまさに基本的なものといえるでしょう（図3）。

読みの学習における教師の働きかけの機会は、主に❶❷❸です（個に応じた対応は別途にあります）。いずれも場当たり的な手立ては通用しません。

❶問いの設定は、本時の学習活動全体に大きく影響します。良質な問いを設定できるか否かが、授業を左右するものになります。交流を促し、テクストの読みを深める問いが求められています。

❷導入の工夫は、学習者の問いに対する理解を促し、解決への見通しをもたせ、交流での態度を下支えします。そういった意味で導入の果たす役割は非常に大きいといえるでしょう。

❸多様な考えの整理と価値づけは、学習者の発言を集約し叙述を伴って整理しつつ、読みの方略を明示化することで学習としての枠組みを整える場面です。教師の計画性と機転が求められる場面です。

	学習活動	教師の働きかけ
導入	1．問いを確認する 本時の問い	❶問いの設定
展開	2．問いに対する自分の考えをもつ 3．グループで考えを交流する	❷導入の工夫
	4．全体で考えを共有する	❸多様な考えの整理と価値づけ
まとめ	5．問いに対する自分の考えを再考する	

図3　典型的な学習展開と教師の働きかけ

02

交流の核となる問い

問いが担うこと

前項で示した教師の働きかけから、ここでは❶**問いの設定**について述べていきます。問いは学習者にとってどのようなものとして提示されているのか、問いが学習全体に与える影響に焦点を当てて説明を加えていきたいと思います。

問いが学習全体に与える影響は、次の三つです。

ア　読むための切り口、着眼点（読者の主体性の確保）
イ　読みの観点、指導事項（身に付けさせたい力の明示化）
ウ　言語活動の指示、手立て（目的意識、学習の見通しを提供）

アを重視した問いは、**［ごんは、なぜ「その明くる日も」くりを持って兵十のうちへ出**

かけたのでしょう」といったものです。読みながら自然に湧き上がる、問わずにはいられない箇所を取り上げた問いです。内容が先行するため、学習者が読み方を意識するような促しはありません。

イを重視した問いは、**「いたずらばかりするごんの行動と気持ちを考えよう」**といったものです。読み方を問いの文言として明示化しています。ただし、話題を焦点化するための補助発問が必ず用いられ、教師主導の学習展開で読み取っていくことになります。

ウを重視した問いは、**「ごんと兵十の関係を人物相関図にまとめよう」**といったものです。単元を通した言語活動を示し、目的や見通しをもった読みを促しています。反面、言語活動が主たる目的になっており、読むことそのものへの意識が薄くなります。

最も重要なことは、これら全てを一つの問いに委ねることは不可能だということです。ということは、問いによってフォローできなかったものに対して、問い以外の手立てで補っていく必要があるのです。問いが学習全体に与える影響として欠かせないものは、アによる読者の主体性の確保です。イは、指導と評価の一体化という点から、ウは単元全体の見通しをもった課題解決という点から重要な枠組みであることは確かです。しかし、イ・ウを重視した問いは、読みの学習をより複雑にし、読むという行為を形骸化させてしまいます。問いは読者である学習者をテクストに引き込むことに専念すべきです。もちろんそこには、他者と読むという読み方が想定されています。

問いができるまで

では、問いはどのようにつくっていけばよいのでしょうか。読みの学習に求められる問いについては、すでに理論的実践的な研究が進んでいます（松本・西田、2018／松本・桃原、2020／松本・佐藤・桃原、2022abなど）。その根幹となる理論的な枠組みは松本修が提示する「読みの交流を促す〈問い〉の五つの要件」です。図4は、松本が小学校現場からの要求に応じて策定したその簡易版です（「読みの交流を促す〈問い〉の五つの要件」については、松本、2015を参照）。

問いの設定までを三つの段階で考えてみましょう。

①問いの候補をつくる

まず、教師も一人の読者としていくつかの問いをもつこと

読みの交流を促す〈問い〉の要件（簡易版）	
a	誰でも気が付く表現上の特徴を捉えている。
b	着目する箇所を限定している。
c	全体を一貫して説明できる。
d	いろんな読みがありえる。
e	その教材を価値あるものとする重要なポイントにかかわっている。

図4　読みの交流を促す〈問い〉の要件（簡易版）

です。その際、どのような問いがあり得るのかを念頭に教材研究が行われることになります。空所や否定の機能（テクスト内の結合可能性、テクスト外からの選択可能性を生み出す箇所。詳しくは、西田、２０２３ａなどを参照）や語りの構造（語り手の視点や立場、速度や持続など語られ方。詳しくは、松本、２００６・２０１５などを参照）といった理論的な知見を活用することが推奨されます。また、直感的な問いも排除することはありません。

(1)なぜ村の人は、ごんのことを知っているのか。
(2)なぜごんは、うなぎを食べないでおいたのか。
(3)なぜごんは、兵十にくりや松たけをあげるようになったのか。
(4)「あんないたずらしなけりゃよかった」とあるが、ごんはどのような気持ちだったのか。
(5)兵十は神様にお礼を言っているのに、なぜごんは、またくりなどを持っていくのか。
(6)ごんはなぜ兵十にうたれてしまったのか。
(7)ごんが「ぐったりと目をつぶったまま」うなずいた時、兵十はどんな気持ちだったのか。

②問いを選定する

次に、思いついた問いに対して「読みの交流を促す五つの要件」を照らし合わせ、充足を見ていきます（図5）。必ずしも五要件全てを充足する問いが生まれるわけではありません。教材の特性に応じて、授業展開の工夫や単元全体で問いのバランスを考慮し調整していきます。

また、問いを選ぶときに欠かせない作業は、「どのような読みを期待した問いなのか」、想定される答えを書き出すことです。答えを具体的に想定することで、「学習者が問いに答えるための既習は整っているのか」「身に付けさせたい読みの力が発揮される問いなのか」が判断できます。

例えば、(1)は「いたずらされて迷惑しているから」、(2)は「いたずらしたかっただけだから」といった端的な答えが想定され、(4)も問われていること以上は個々の想像の域を出ないため、叙述を基にした読みが困難な問いといえます。いずれも一単位時間を費やすような問いではなく、この場合、(3)・(5)・(6)・(7)が候補として選ばれるところです。選定した問い

	〈問い〉の要件	(1)	(2)	(3)	(4)	(5)	(6)	(7)
a	表層への着目	×	×	×	○	×	×	○
b	部分テクストへの着目	×	○	△	○	○	○	○
c	一貫性方略の共有	×	×	○	△	○	○	○
d	読みの多様性の保障	△	△	△	△	○	○	○
e	テクストの本質への着目	×	×	○	○	○	○	○

図5 〈問い〉の要件の充足

は、言語活動や時数、学習者の実態に応じて学習計画に組み込まれていくことになります。

③問いを生かす展開を考える

問いを実践で生かすためには、学習者の反応を想定することも必要です。数回のやり取りを想定しながら、問いの文言を修正し、導入や全体共有での教師の役割を確認します。

(3) **なぜごんは、兵十にくりや松たけをあげるようになったのか。**

C1 うなぎのつぐないでしょ。「うなぎのつぐないに」ってあるよ。
C2 つぐないが、くりや松たけじゃなきゃいけないわけじゃないよね。
C3 あげるようになった理由だから、つぐないってことでいいんじゃないの。
C4 最初はいわしを投げこんで「いいことをした」と思ってるんでしょ。

C1やC3のような発話で早々に考えることを止めてしまう学習者の反応、C2のような他の品物を考えるような飛躍する学習者の反応が想定できます。C4のような発話を期待するのであれば、そもそもなぜつぐないをするのか導入時に確認しておき、これを踏まえた交流を促すことで話題の前提を揃えるといった導入を設定します。

03

導入に求められること

本項では第1章01で挙げた読みの学習における教師の働きかけ❷**導入の工夫**について述べていきます。読みの学習における導入の役割は、学習者が虚構世界と向き合う姿勢をもつこと、問いを理解し答えの見通しをもつこと、他者との協同的な活動に臨むための土台をつくることです。

学習者が虚構世界と向き合う姿勢をもつ

学習者にとって読みの学習で出会う虚構世界は、様々な教科での学習、休み時間や放課後の遊び、家庭での生活の合間に、僅かに触れるものです。授業が始まった瞬間に読みつつある虚構世界に浸り、前時までの読みを呼び起こすような理想像を学習者に押しつけてはなりません。まずは、学習者が今読むテクストを再認識し、これと改めて向き合う機会をもちます。それは、教科書を開き本文を見るだけでは得られません。汎用的な活動である音読を例に、学習者が虚構世界と向き合う機会について考えていきましょう。

音読を用いた導入では、音声での表現を伴った活動によって読みつつあるテクストを認識します。範読が有効な場面もありますが、一斉音読が基本的な形態といえるでしょう。さらに教師と学習者、学習者同士の協同的な音読も設定することができます。

難点は時間です。小学校中学年が扱うテクストですら全文の音読に15分以上の時間を費やしますので、毎時の導入で行うのは現実的でありません。そのため従来は話題の中心となる場面に限定し、音読するわけです。しかし、このような現実的な対策が、導入の時点で学習者からテクスト全体を捉える機会を奪うことにもなるのです。

断片的・形式的な音読で、教師も学習者も読んだつもりになっている手法として「マル読み」があります。伝統的な手法「マル読み」には、果たしてどんな効果があるのでしょうか。句読点を意識し始める低学年への指導として、テンマルで交代しながら音読させるといった意図であれば納得できます。しかし、慣習として行っているだけの教室もあり、自分の読む文だけを意識する学習者も少なくありません。往々にして、「マル読み」は音読としても導入としても効果をもちません。

虚構世界と向き合うのは読者である学習者自身です。また、虚構世界との出会いは、初読に限ったことではありません。毎時の学習では常にテクスト全体にかかわる新しい接点を用意し、明示することが導入に求められるのです。

問いを理解し答えの見通しをもつ

第1章02で述べたように学習者が問いから得なければならない情報は多く、煩雑な状態で提供されています。教師が読みの交流を促す五つの要件を十分に満たす問いを設定したとしても、学習者がどのように受け取るかは別の困難さを孕んでいます。しかし、導入を情報確認の場面であるかのように思い込み、教師が前時までの学習を語る実践が散見されます。前時の学習内容は、本時の問いが理解され、学習者がテクストに対する課題意識をもった時、はじめて必要な情報となるのです。問いによって提供されている情報を学習者の立場から考えれば、次のような要素に整理できます。

A「これから何を読むか（テクスト）」
B「どのように考えていくのか（思考判断表現）」
C「どのような読み方を学べるのか（学習内容）」

裏を返せば、問いを通した学習者の気づきはこれらに沿ったものであることが期待されているのです。しかし、全ての学習者が問いの文言からこれらに反応できるはずもありません。具体的な問いからA・B・Cについて考えてみましょう。

叙述が明示され、テクストの重大な空所を踏まえた「ごんぎつね」定番の問いです。

ごんは、なぜ「その明くる日も」くりを持って兵十のうちへ出かけたのでしょう。

A　昨晩「神様にお礼を言うんじゃあ、おれは引き合わないなあ。」と肩を落としていたはずのごんが、当然のように「明くる日も」償いを続けることに対する問いです。兵十の母の死によるごんの後悔、償いの気持ち、償い方への気づき、兵十への親近感といったテクスト全体を一貫した理由づけが求められます。しかし、問いの文言には、直前の場面との関連を示唆するような文言はありません。

B　くりを贈るごんの行動の理由は、「うなぎのつぐないに」であり、単純な叙述の関連づけによって考えていくことになります。そこに、「引き合わないなあ」という前夜の心内語を反駁として加えることで、読みを深める多層のロジックが表れていきます。行動の理由を説明する際に生まれる矛盾や不合理を浮かび上がらせ、これに対する妥当な解釈を考えていこうとする姿勢を呼び起こしたいところです。

C 吐露された心情と行動との不一致が問われています。場面の移り変わりを伴った人物の心情の変化、行動との関連づけ、その背景にある人物像を含めた読みが期待されます。ただし、こういった読み方や観点が問いに示されているわけではありません。

教師は、限られた時間の中で、どの要素に対する手立てを導入に設定するのか決めておきます。導入で重視すべきなのは、話し合いや全体共有において解消されることを選り分けながら、全員が話し合いに参加できる状況をつくることです。

他者との協同的な活動に臨むための土台をつくる

読みの学習では、個々の読みを持ち出し、交換しながらも自分の読みを追究することが目指されます。かといって、他者を無視してよいわけではありません。他者との相互作用を経て推進されていくのが教室での読みなのです。

しかし、実践においては相互作用の恩恵を受けにくい学習者がいます。そのような学習者は、往々にして話し合いの内容について、「よくわからなかった」と述べます。その要因として、他者の解釈や付随する説明を自身とのかかわりの中で捉えることができない、あるいは自分にかかわりのある話題なのか判断できないといったことがあります。

読みの交流において学習者は、自身の解釈と他者の解釈との接合点を見出すことによって、相互作用をより効果的なものとして得ることができます。交流での相互作用は、教材テキストを共有の目印としながら自他の発話や記述を結びつけることが起点になるのです。難点はその作業が個々に委ねられているところにあります。

解釈形成が滞る学習者にとって、他者との相互作用を有効なものとして理解し、活用できるものとして受け取ることは決して容易ではないのです。教師は他者との相互作用によって得られる効果に見過ごせない格差があることを認識しなければなりません。だからこそ他者との相互作用を安定した状況に置き、その効果を学習の中で意図的に確定的につくり出す意義があります。これは、相互作用の効果を高める以前の問題ですが、それ故に学習者の実態が示す根本的な問題なのです。

導入では問いが示す争点を明示化し、テクストの捉え方や話し合いへの参加の仕方を確認していきます。さらに、相互作用が働きやすい状況をつくることが求められています。

04

読みを更新する話し合い

読みの交流に対する誤解

学習者は、読みの交流をどのような活動だと認識しているのでしょうか。「司会はどのように進行すればよいのか」「話し手はどのような話し方をすればよいのか」「話し合いの最中に本文を再度読み込んではいけないのか」「沈黙とともに考えふけってはいけないのか」、こういった疑問をもつ学習者はいないのでしょうか。

多くの教室では、話し合うことの学習と読みの学習における話し合いが、同じものであるかのように認識されています。もちろん話し合うことの学習で身に付けた話し合い方は、読みの学習に限らず、全ての教科、言語生活に生かされるべきです。それは目的や相手、場面に応じた話し合い方があることを示しています。読みの学習に応じた話し合いを、教師も学習者も理解しておく必要があるのです。

大前提として、読みの学習における話し合いは、合意形成を求めないこと、他者との形式的な話し合いを遠ざけることを強調しておきたいと思います。

合意形成を目的としない話し合い

読みの学習での話し合いが合意形成を求めないことは、読むという行為の性質や読みの交流の構造からも明らかです。意味づけの過程として他者との合意や同調があったとしても、そこに自身の経験や考え方が言語化されていなければ読みは成立しません。

また、合意を目的としていないからといって、拡散的な話し合いを求めているわけでもありません。拡散的な話し合いは、アイデアを出し合い視野を広げるような場合に適していますす。読みの交流に持ち込むと、叙述を離れた自分勝手な解釈を出し合うような状況が生まれやすくなるため、対策が必要です。

話し合いにある応答責任

交流としての話し合いでは、解釈の安易な乗り換えや衝突のない多様性の容認が課題とされています（松本、２０１５）。よって教師は、話し合いの中でどのように解釈が更新されていくのか、注視するのです。重要なのは、学習者が他者とのかかわりの中で自分の考えを明確にしていくことです。そのために読みの交流では、他者への説明責任を背景に、自身の解釈の妥当性を高める状況をつくっていきます。寺田（２０１２）は、小集団で読むことの意義として、「応答責任性」と「個人的なテクスト理解の表出」を挙げています。他者に対して説明責任を果たせるような話し方は、個々の解釈形成に寄与するということになります。

ただし、他者に説明する過程と解釈形成過程は必ずしも一致しません。つまり、他者への説明に偏れば、個々の解釈形成が阻害される可能性もあるのです。例えば、司会者を決め、話型を確認したところで問いに対する考えは一歩も動いていません。

沈黙を認める話し合い

読みの交流に対しては「闊達な話し合いを理想とする」といった偏った見方があります。私たちがテクストを読み、他者と何らかの交流を図ろうとするとき、毎回白熱した議論が展開されるでしょうか。他者の考えに耳を傾けつつも自己内対話を続け、時には、つぶやき、首をかしげながら、もう一度読み返す。他者との読みの交流はむしろそれぞれの自由な行為を許容する柔軟な場であるのではないでしょうか。

ここでは、「沈黙」に関する先行研究から読みの交流が目指す話し合いについて述べていきます。読みの学習を社会文化的な相互作用の中で捉えようとした住田ら（２０１６）は、実践の中で沈黙を経た学習者が新しい解釈について語り合う仲間を求めるような、「沈黙に向かう」局面と「饒舌に回帰する」局面の連関を見出しています。これは、読みの交流にある自己内へ向かう状況と他者へ向かう状況との行き来を解釈形成過程に重ね、慣習的知識として社会性を帯びていく様相を明らかにしたものでした。

鶴田（１９８４）は、授業実践における教師・学習者の沈黙について武田常夫の実践に着目し議論を展開しています。その中で鶴田は、「人間における沈黙は、非生産的なものではなく、むしろ精神的創造活動の場として重視されなければならない」（377-378頁）とします。このような指摘は、教師と生徒との間に限らず、学習者の間にある沈黙についても同様だと考えます。鶴田が事例として挙げている武田実践でも、確かに解釈形成過程といえる沈黙があります。

秋田（２０００）は、対象や他者、自己との対話が意図されている学習に起こる「自らが物事とむきあいおのずと黙る状況」を次のように述べています。（33頁）。

物事にきちんと対峙し思考している時には、他者へ向けられた言葉はそこには介在しない。ものや状況と学び手の内なる対話が存在している。未知のものに出会い表現が生まれる前の沈黙、相手の表現に耳を傾け、それを自分の中に受けとめようとする間としての沈黙は、最も大事にされなければならないことだろう。しかし、こうした能動的に生み出される「間」は、現実には少なく、受動的に知をとらえる沈黙が敷衍している。

沈黙がもつこのような営みは、自己の読みと向き合う学習者にとって有効なものといえるでしょう。読みの学習での話し合いは沈黙を伴うものであり、その働きを有効に活用したいのですから、従来の話し合い活動とは異なるアプローチが必要になるわけです。

自立参加型の交流環境

西田（2018）は、読みの学習において学習者が交流と個人活動を選択する「自立参加型」の交流環境を提案しています。これは、読みの交流において、対話のための交流スペースと、個として自らの解釈に向き合うスペースとを分けたものです。実際には、教室の側面に向けて机を並べ、教室中央に空間をつくることで、教室環境のアフォーダンスを利用したことになります（図6を参照）。話し合いの最中、学習者には交流への参加・離脱の選択権があります。交流への参加は他者とかかわろうとする意識であり、交流からの離脱は解釈に関する気づきを得た瞬間に他なりません。学習者は交流スペースにおいて自らペアやグループをつくったり、既存のグループに参加したりしつつ、自身の読みを追究することができるのです。

自立参加型の交流環境は、教室内に個として自らと向き合える沈黙の場を設け、学習者が他者とのコミュニケーションに固執せず自身の気づきを次の行動に生かせる場面をデザインしているといえるでしょう。

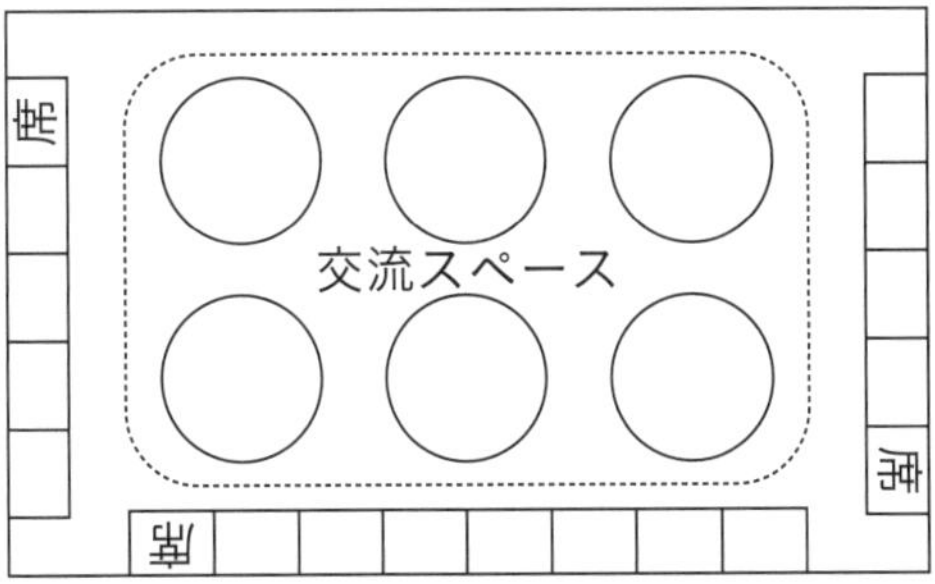

図6　自立参加型の交流環境を意図した場

このような交流環境の効果は、読みの学習における従来の話し合いがいかに不自由であるかを示しています。気づきを得ること、さらにその気づきに反応する意識も余地も学習者にはないのです。話し合いというアクティブな活動の中で学習者が、自己と、テクストと、他者と対話できるような手立てが必要です。

05 再考を促すための全体共有

全体共有場面の役割

全体共有は、読みの学習においてどのような場面なのでしょう。

教師にとっては指導の場面です。教師は学習者の考えを集約しつつ、より妥当な解釈を追究するように促します。そのために指名計画に沿って発話を引き出し、巧みに板書の言葉を操り、汎用的な解釈に落とし込んでいくわけです。さらに重要なことは、読みの観点や読み方、考え方を明示化することです。これは読みの学習が学習として成立するか否かにかかわる部分であり、いずれも指導として必要不可欠なものであると考えます。

ただし、こういった指導が全体共有に詰め込まれているのは、教師の都合であり、そこには二つの落とし穴があります。「全体共有が問いの答えを示す場面であるという誤解」と「問いには明確な正解が必要であるという妄想」です。

全体共有は個々の考えを選択肢として集約する場面です。また、第1章01でも述べたように、テクストに対する問いの答えは、自己とテクストと他者との対話によって様々な文脈を形成するものです。たった一つの答えなどあろうはずがありません。この二つの落とし穴に対して、教師も学習者も注意を払う必要があります。

このように考えると全体共有において学習者が発揮すべき力が見えてきます。それは、メタ認知にかかわる力です。

読むことにおけるメタ認知

メタ認知は、認知についての認知を意味し、人間の知的な働きを高次から理解・調整するものです。三宮（２００８）は、メタ的な働きをメタ認知的活動、その働きそのものに対する理解・認識をメタ認知的知識として区別しています。さらに、メタ認知的活動は、「メタ認知的モニタリング」と「メタ認知的コントロール」による働きとして説明しています。深谷（２０１６）はメタ認知的活動のモデルとして、メタレベルと対象レベルの相互関係を示しています。

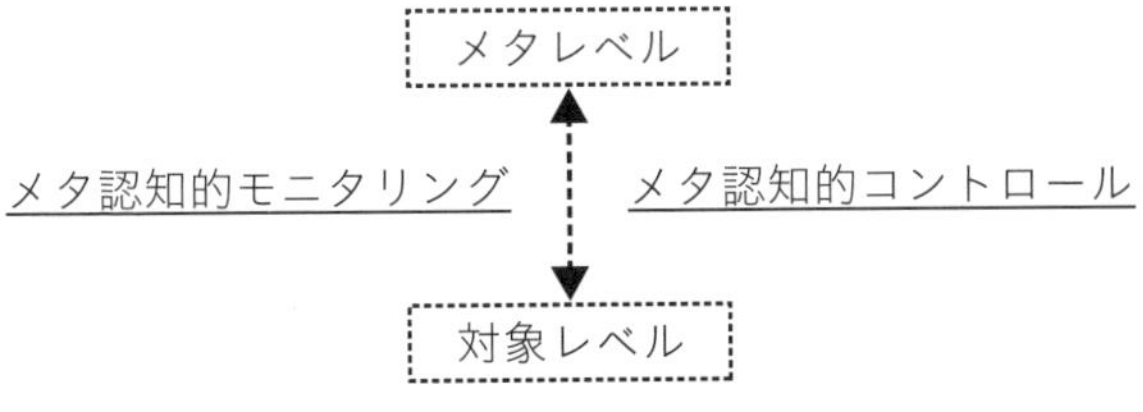

図７　メタ認知的活動の様相

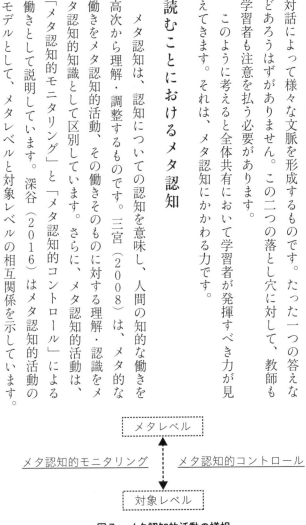

対象レベルでは、認知的方略に基づいた情報の関連づけが行われ、メタレベルへモニタリングという形で情報が流れていきます。メタレベルでは、対象レベルの処理が適切になされているかを評価し、コントロールしていくことになります。さらに深谷は、学習におけるメタ認知的活動に関する留意点として、「メタ認知を通じて自分の分からなかったところをつきとめた後、対象レベルで知識の関連づけを図る必要がある。」（9頁）と述べています。

読みの学習では、読み手は問いに対する答えを考え、これを俯瞰的に捉えながら他の可能性を探ります（モニタリング）。結果、考えが更新される（コントロール）ような状況ができます。よって、俯瞰的に捉えたり、他の可能性を探ったりするためのメタ認知的活動やこれに応じたメタ認知的知識が必要になるのです。

メタ認知は、働く対象や状況に応じて見出すことができます。参考までに文学テクストの読みと読みの交流にかかわるメタ認知的知識を図8のように示しておきます。ここで強調したいのは、メタ認知が様々な対象や状況に働くものであるということです。教室では振り返りや学習感想をノートに記述することで学習のまとめとすることが多く、これは一旦定位した読みに対するオフラインでのメタ認知的活動といえます。問題なのは、この方法一辺倒になることです。授業の最後に振り返りさえしておけばよいという安易な考えは避けるべきです。秋田（２００８）は、読解におけるメタ認知について、「自己の読解過程を省察し、学習者としての自己、課題、方略にかかわる知識と、計画、チェック、評価、困難を改善修正していく行為をさす」（97頁）と述べています。ここでもメタ認知は学習全体を覆うものとして想定されていることがわかります。文学の読みにおいては、自らの解釈を客観的に俯瞰的に評価するものといえますが、それは導入段階でも交流時にもオンラインで働くメタ認知であるべきなのです。第1章04で取り上げた「自立参加型の交流環境」はまさにメタ認知的活動を意図したものといえます。

全体共有においてメタ認知的活動を促す

全体共有が、メタ認知的活動を促す場面になるためには、学習者自身の気づきが不可欠になります。よって、教師による意見集約や整理もそのきっかけをつくるものでなくてはなりません。さらに重要なことは、全体共有での気づき（モニタリング）は再考（コントロール）につながってこそ意味があるということです。全体共有は答えを決める場面ではなく、再考を促す場面なのです。

では、全体共有において再考を促すために教師は何をすべきなのでしょうか。そのポイントは、学習者のメタ認知を促す「方向・質・量」です。

読みの学習での気づきを促すわけですから、当然、読むという行為に対する気づきを促すという「方向」を誤ってはなりません。また、教師の声掛けや板書の状況には「質」の高さが求められます。

あまり気を配られていないのが「量」です。授業中、教師は学習者に対して無意識に様々な方法でメタ認知を促すような手立てを用いています。「前の授業ではどんなことを考えましたか」「音読で大事なことは何ですか」「どの叙述から考えましたか」「友達の意見でなるほどと思ったことは何ですか」といった具合です。このような問いかけや確認は、それぞれ学習活動を成立させる機能をもっていますが、メタ認知を促しているという点では共通しているのです。学習者が自身の読みをメタレベルで捉えようとすれば、それは一時立ち止まって考えることになります。読もうとしている学習者をあえて立ち止まらせているわけです。教師の多くの無意識的なメタ認知の促しは、学習者の停滞の要因になっているケースもあるのです。そういった意味で、全体共有では特に意図的な手立てが必要です。

<table>
<tr><td colspan="3" rowspan="2"></td><td colspan="2">適応的なメタ認知的知識</td></tr>
<tr><td>文学テクストの読み</td><td>読みの交流</td></tr>
<tr><td colspan="2">人間の認知特性についての知識</td><td>学習観</td><td>・教室での読みの学習に共有される文脈
・読むという行為に関する知識、文学テクストの読みにかかわる背景</td><td>・他者との話し合いを通して解釈に至る理由や根拠を共有し、解釈の更新を行う</td></tr>
<tr><td colspan="3">課題についての知識</td><td>・問いに対する知識
・対象化された文学テクストへの認識</td><td>・話し合いが求められるが、個々の解釈は必ずしも合意形成する必要はない</td></tr>
<tr><td rowspan="9">方略についての知識</td><td rowspan="3">認知的方略</td><td>宣言的知識</td><td>・読解方略に関する知識</td><td>・他者の解釈を知ることで自分の解釈が更新される</td></tr>
<tr><td>手続き的知識</td><td colspan="2">・根拠となる叙述を示し、叙述を関連づける
・解釈に至った理由を説明し、妥当性を確保する
・明確な主張や他者への質問、発話の要求などによって話し合いを推進する</td></tr>
<tr><td>条件的知識</td><td colspan="2">・読み手による意味づけが求められること
・他者との相互作用によって妥当性を高めること
・恣意的な読み、誤読を排除し、納得解を得ること
・話し合いの運営・維持にかかわる発話が求められること</td></tr>
<tr><td rowspan="3">メタ認知的方略</td><td>宣言的知識</td><td>・メタレベルでの読解方略に関する知識</td><td>・解釈について他の読み手の立場からも客観的に説明できることが重要である</td></tr>
<tr><td>手続き的知識</td><td colspan="2">・叙述の関連性が高いことで一貫性が生まれる
・多様な解釈の可能性から自身の解釈について説明する
・話し合いの見通し、進行状況を把握する</td></tr>
<tr><td>条件的知識</td><td colspan="2">・解釈形成における活動条件に沿うこと
・発話の停滞や偏りなど、話し合いの質が疑われる状況を避けること</td></tr>
<tr><td rowspan="3">外的リソース方略</td><td>宣言的知識</td><td colspan="2">・他者の解釈　　・日常的な集団内の関係性
・読書経験、生活経験
・既習事項交流への理解、既習事項の明示化</td></tr>
<tr><td>手続き的知識</td><td colspan="2">・自他の解釈の共通点や相違点を認識した上で、それらを活用する
・読みつつあるテクストに対して自らの経験を関連づける</td></tr>
<tr><td>条件的知識</td><td colspan="2">・共通認識、共有知識を考慮した上で、解釈との関連づけが行われること</td></tr>
</table>

図８　読みの交流におけるメタ認知的知識

（西田，2021，p.70より一部抜粋）

第2章

話し合いで「読み」が深まらない全場面と解決策

01 何を問われているのかわからない

こんなことはない？

【交流前、問いに対する自分の考えをノートに書く場面】

何を問われているのかわからない学習者と、ノートに考えを書くことができない学習者は、同じ白紙のノートでも学習状況が異なります。問題は、前者です。

T では、自分の考えをノートに書きましょう。

C 先生、何を書けばいいんですか？

ここが問題

問いは、叙述の指定、物語の展開、考え方や読解方略、答え方といった様々な要素をもっています。学習者の問いに対する「わからなさ」が何に関するものなのかを想定し、これに応じた導入を設定する必要があります。

問いに応じた導入を設定しよう

■導入によって問いへの理解を深める

問いは本時の学習全体で追究されるものです。よって、提示した当初、何を問われ何を答えるのかわからない学習者の存在は不思議ではありません。だからこそ、学習者が問いへの理解を深める導入が必要なのです。ここでは、第1章03で挙げた問いの要素Ａ・Ｂ・Ｃを基に考えていきます。

Ａ「何を読むか（テクスト）」は、読みの学習の中心的な話題です。「前時までに読み取った内容を確認する」という一般的な導入はＡに対応しますが、教師主導の一方的なやり取りでは有効な手立てになりません。仮に学習者が物語の内容を思い出したとしても、本時の問いとの内容的なつながりを見出せなければ「で、何を考えればいいの？」という反応を生み出してしまうのです。また、ＢやＣの要素に触れる機会を失っています。

■叙述を提示する

まず叙述の提示から始めるべきです。本時の問いにかかわる一文を黒板に提示します。音読したり、本文中で指差したりすることで、学習者にこの一文を認識させます。次にこの一文を起点としてどのような読みが展開するのか見通しをもたせます。その方法として次のような手立てを用いていきます。こういった導入によって、ショートステップをつくり、全ての学習者がスタートラインに立てるようにします。

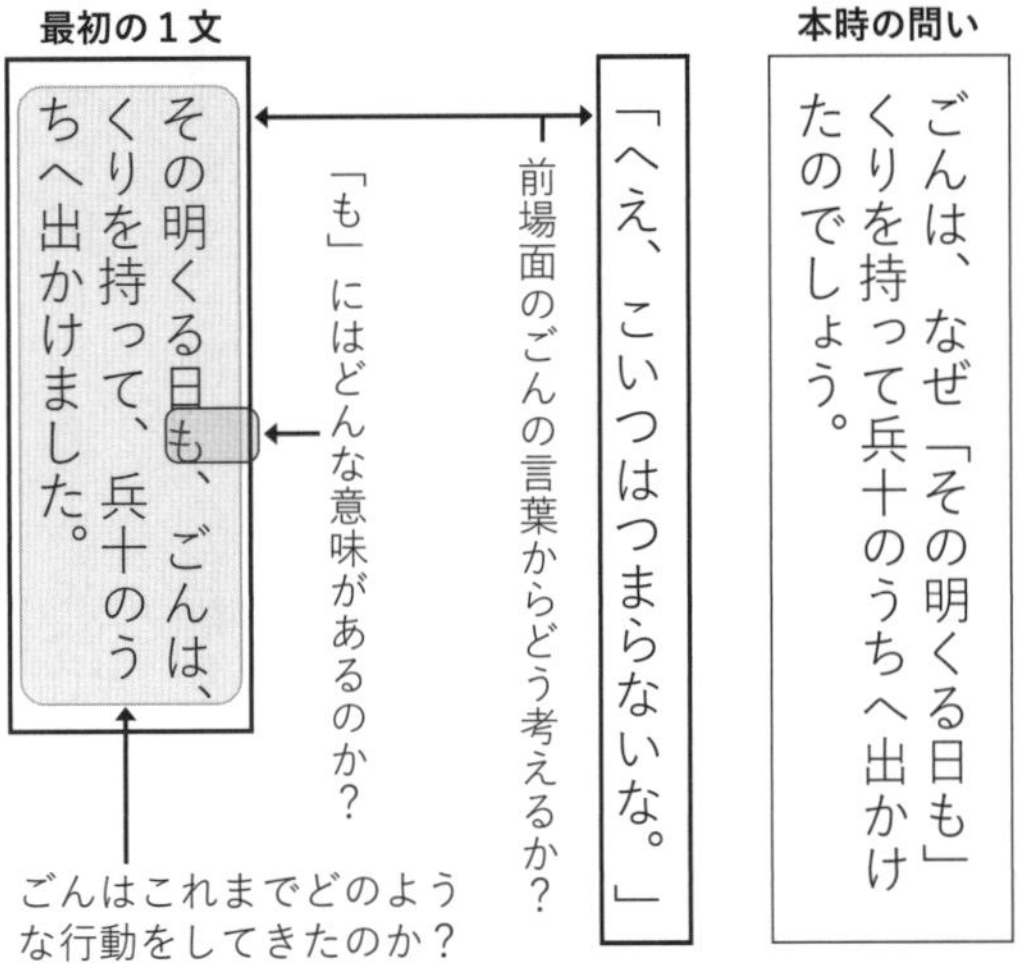
本時の問い
ごんは、なぜ「その明くる日も」くりを持って兵十のうちへ出かけたのでしょう。
「へえ、こいつはつまらないな。」
前場面のごんの言葉からどう考えるか？
「も」にはどんな意味があるのか？
最初の１文
その明くる日も、ごんは、くりを持って、兵十のうちへ出かけました。
ごんはこれまでどのような行動をしてきたのか？

図９　問いへの理解を深める手立て

■語句や描写に着目させる

語句や描写を注視することは、読みを深めるために必須となる読み方です。教室では、ざっくりと叙述を捉え感覚的に話し合いを進めようとする学習者が多く見られます。導入においてテクストの特徴的な表現を取り上げることで、終始、叙述を起点とした読みを促すことができます。

■他の文を引き合いに出す

導入段階で叙述の関連から考えていくという流れを示すことで、B **「どう考えるか（思考判断表現）」**が補われます。図9

の問いをこのまま学習者へ放てば、「持って行きたかったから」という端的な答えを導きかねませんが、叙述を提示することで回避することができます。学習者の思考を先取りしてしまうのではないかという危惧があるかもしれません。しかし、直前の文との関連だけで答えを出してしまうことを未然に防いでいるともいえます。あえて重要な文を共有することで学習者に求める読みを焦点化しているのです。

■読みの観点で整理する

問いが読みの切り口を提示している場合（第1章02）、読みの観点への意識は薄れていきます。国語科では、低学年は行動や会話、場面、中学年は気持ち、変化、高学年であればテーマ、象徴、暗示のような読みの観点を定着させていく必要があります。そこで、導入において問いに対する読みの観点からの確認を行います。図9の問いは、ごんの行動を提示し、ごんの気持ちや考えを答えとして求めています。これを確認するだけで、学習者には他の場面のごんの行動を考えること、行動から気持ちや考えを読み取っていくという見通しをもつことができます。C **「どのような読み方を学べるのか（学習内容）」**を明確にしていくという側面からいえば重要な手立てになります。

02 問いに対する考えがまとまらない

こんなことはない？

【問いの提示後、学習者が自分の考えを書き始めた場面】

C　わからないわけじゃないんだけど、どう書けばいいのかわかりません。
T　思いついたことから書けばいいですよ。
C　交流の前にもっと時間が欲しいです。
T　書いてまとめるのは、後でいいですからね。

ここが問題

学習者は自身の状況にかかわらず、教師に「わからない」と発します。そこには、問いの答えはおぼろげに掴んでいるが書き方や表現に困っている学習者もいます。自信なく交流に向かう学習者への手立てが求められます。

他者の存在を生かした導入を

■「協同」ではなく「協同的」

第1章01では、読みの交流が「協同学習」になり得ないことを述べました。ただし、読みの交流はプロセスを重視する「協同的な学習」の側面を十分にもっています。

そもそも協同学習とはどのように定義されるものなのでしょうか。関田・安永（2005）は、次の四つの条件を提示しています（13-14頁）。

①互恵的相互依存関係の成立
②二重の個人責任の明確化
③促進的相互交流の保障と顕在化
④「協同」の体験的理解の促進

これらの中で読みの交流が満たしにくい条件は③です。③は次のように説明されています。

―③促進的相互交流の保障と顕在化：学習目標を達成するために構成員相互の協力（役割分担や助

け合い、学習資源や情報の共有、共感や受容など情緒的支援）が奨励され、実際に協力が行なわれている。

読みの交流での個々のかかわりの中に、他者の解釈形成への協力という意識は薄くなります。だからこそ③を重視した読みの段階を導入に設定することで、他者に支援してもらいながら考えを形成するような協同的な状況をつくることができます。

■「協同的な読み」を意図した導入

西田（2019b）は読みの交流の前段階として、自他が相互の読みを共に考えていく活動を「協同的な読み」として提案しています。ここでは、学習者に次のような活動を示します。

自分が相手の読みをくわしく説明するために、相手の読みを一緒に考える

問いに対して考えを共につくるのではなく、それぞれの考えを共につくるというわけです。学習者はペアで活動し、互いに相手の考えや関連する叙述を見つけることに注力します。ペアの活動はそれぞれのターンを設け、相手の考えを引き出すようなやり取りで互いの考えの形成を図ります。

- **確認「…みたいなこと？」**
- **質問「他に気になる言葉や文はある？」**
- **提案「こういう考えはどう？」**

ノートに全く記述ができていない、あるいは、自分の考えがまとまらない学習者に対しては、まず本文を目の前に「気になる叙述（言葉や文）を指す」ことから始めます。問いに対する考えの土台となるのは、やはり直感的な印象です。その印象は叙述に向けられることが重要ですから、本文をペアでなぞりながら読みの一歩を進めていきます。

この「協同的な読み」の大きな効果は、後の交流時に発揮されます。共に活動したペアは、自分の考えを自分以上に理解する助っ人としてグループ内にいるからです。上手く言語化できなかった学習者にとっては強力な支えになります。

また、このような活動を単発で終えては効果が半減します。継続的に行うことで、学習者のかかわり合いは洗練され、他者の考えに寄り添うこと、他者の助力を得ながら自分の考えをまとめていくことの価値が実感できます。

03 問われていることとは違うことを考えている

こんなことはない？

【多くの学習者がスムーズに考えを記述している場面】

問いを提示した時点で混乱はなく、教師も学習者も齟齬に気がついていません。

問い「どうして松井さんは白いぼうしに夏みかんを入れたのでしょう。」

C 松井さんはお母さんにもらった夏みかんがうれしくて…

C ちょうを逃がしてしまったことを悪いと思って…

ここが問題

問いの文言にまで吟味が行き届かないことがあります。ここでの問いは二つの異なる部分を話題にしています。教師がこの齟齬に気づかなければ、交流ではかみ合わない議論が続き、無駄な時間を浪費することになります。

導入で問いの弱点を補う

■方向が定まらない問い

問いは万能ではありません。学習者が教師の思惑とは異なる受け止め方をする場面はあります。だからこそ教師は、学習活動の中で何らかの工夫を行い意図した方向での解釈形成を促すことになります。場面例に挙げた問いから考えていきましょう。

この問いは、「どうして」がどの言葉に掛かるのか、文法的な揺れがあります（図10）。

①は、白いぼうしに入れるものが夏みかんであることにどのような意味があるのかを問うものです。夏みかんは母からの贈り物であり、「あまりうれしくて」と松井さんがタクシーに乗せているものでした。あえてなぜ夏みかんなのか、夏みかんである理由は何なのか、追究しようとする学習者もいるでしょう。

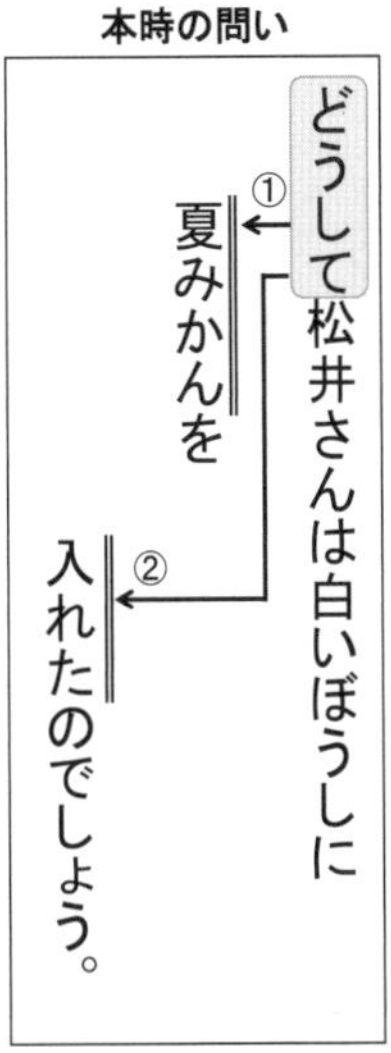

図10　問いの二つの方向

②は、入れるという行動の理由を問うものです。ちょうを逃がしてしまったという申し訳なさや、ふいに閃いた

面白い企てへの期待など、松井さんの心情が追究されることになるでしょう。

このような問いは欠点がないように思えるため、学習活動が始まってから混乱の種に気づくことになります。事前に問いの文言を検討することはもちろんですが、導入時のフォローが重要になってきます。ほとんどの学習者にとっては大きな混乱にならなくとも、読むことに苦手意識をもっている学習者にとっては大問題になります。導入で問いを声に出して読む、関連しそうな叙述を挙げておくなど、基本的な活動を丁寧に行いながら、教師が学習者の反応を確かめ、交流前に混乱を解消しておきます。

■端的な答えに止まる問い

次に、答え方が必然的に限られてしまう問いについて考えてみましょう。

図11の問いは、「白いぼうし」には欠かせない問いですが、問い方が難しい箇所でもあります。「女の子」＝「ちょう」と納得できない学習者の存在も見過ごすことはできませんが、多くの学習者は「ちょう」と答えて止まります。当然教師は、答えの理由や根拠となる叙述を求めるのですが、交流以前にその確認がなされなければ交流時には、「先生、終わりました」「みんな答えが同じです」といった声が飛び交うことになります。

このような問いの場合、「ちょう」であると確定したくはないが、その先の理由づけに議論を移したいわけです。そうであるならば、導入で「女の子」＝「ちょう」を検討しておくべきです。この検討を経て、追究課題が確認されることになります。追究課題は、問いに対する特定の解釈を取り上げます。取り上げた解釈が絶対的なものとならないように注意しつつ、妥当性や汎用性を考える機会とします。

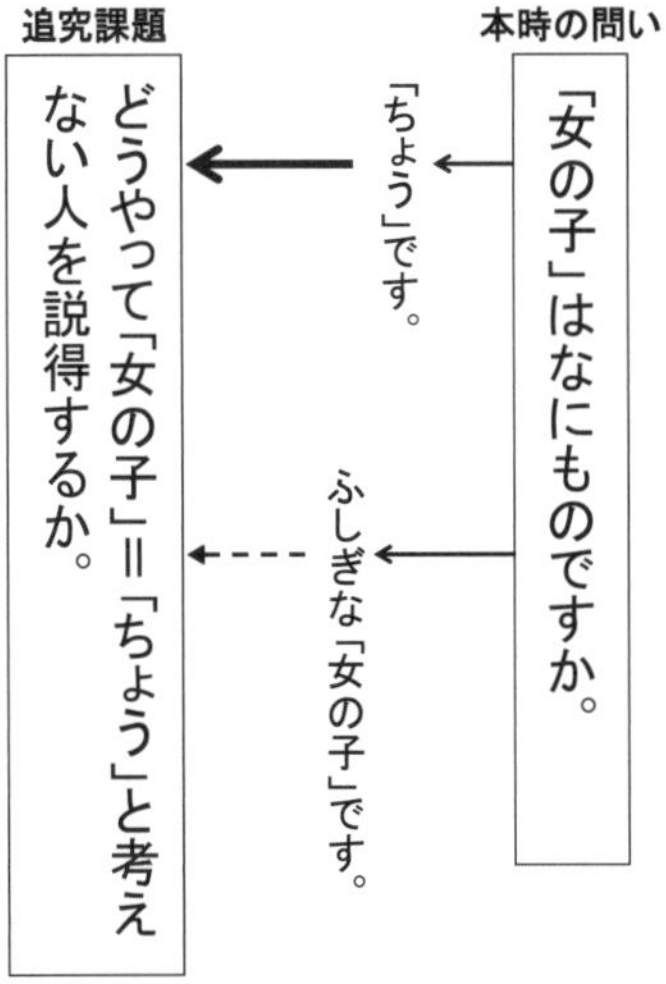

図11　追究課題の捻出

ただし、初めから追究課題を提示するべきではありません。図11でいえば**「「女の子」はなにものですか。」**という問いによって、追究する必然性と課題意識が共有されるからです。

なお、「女の子」は「ちょう」と考えない学習者は、自身の考えを貫くための説明を考えてもよいですし、仮説的に「女の子」＝「ちょう」の立場で考えてもよいでしょう。

04 本文をほとんど読まずに考えている

こんなことはない？

【問いを提示した場面】

内容を十分に読み取っている学習者であれば直感的に答える問いです。

問い［大造じいさんはなぜ銃を下ろしたのでしょうか？］

C　ハヤブサが邪魔に入ったからだよね。

C　そう、残雪が仲間を助けたからでしょ。

ここが問題

単元の中盤以降になり学習者がテクスト全体をある程度把握してくると、重要な問いであっても瞬間的に答えを言い得てしまう学習者が少なからずいます。そういった学習者の発言は妥当な答えのようであり、扱いが難しくなります。

声による読みへ

■言葉と対話する学習者

本文を注意深く読まずに、問いの答えを導いてしまう学習者がいます。これは、読むことが苦手な学習者だけでなく、読むことに意欲的で読みの学習に自信をもっている学習者にも見られます。問いによって叙述への着目を促す方策については第1章02で述べています。ここでは本文を確認しながら読むという点に焦点化して、音読の効果を引き出す導入の手立てを示していきます。

■音読から声による読みへ

音読は、言葉を丁寧に把握する必然性をもった表現を伴う学習活動です。ただし、慣例としての家庭学習や授業開始の合図のような音読では意味がありません。音読の効果が実感できるよう、目的を明確にすることが大切です。

音読時、読み間違いや読み飛ばしを発見してくれるのは聞き手です。音読する本人の気づきはもちろんですが、ペアやグループでのかかわりを期待したいところです。教室で教師の指示なしに本文を声に出して読む学習者がどれほどいるでしょうか。交流中に音読しながら印象を述べ合うグループがあるでしょうか。教室では音読指導が継続的に行われていながら、学び方として学習者に定着するような状況がないのです。

音読と読むことが切り離された状況を打開するためには、声に出した言葉の響きやリズム、印象が解釈形成の一端を担うような活動が必要になります。それは、「文字テクストからの読み」だけにとらわれず、「音声テクストからの読み」を取り入れるということです。本文を読み直す際にはできるだけ声に出す、互いに音読し合いながら問いについて考えるといった何気ない活動の積み重ねから始まります。

■「読み合い」による導入

「読み合い」は、幼児教育において散見される絵本を読む形態の一つです。「読み聞かせ」、「読み合い」、「読み合う活動」に類似します（仲本（2015）はこういった類似する活動を整理している）。これらの活動には、絵本を媒介とした読み手と聞き手の相互作用とそれを伴う共有体験があります。山元（2021）は「読み合い」について、「読み聞かせとは異なり、途中で聞き手のつぶやきなどの反応に、読み手が応じることも行われる。」（61頁）と述べています。「読み合い」は、単に読み手が聞き手に読んで聞かせるだけでなく、聞き手の反応を受け取りながら読み進めるものです。西田（2022b）は、山元の研究を基に、「読み合い」を読みの学習の導入に取り入れた提案を行いました。実践では、問いが提示された後に、学習者相互の「読み合い」がなされます。ここでは、読み手の音読に応じて、聞き手の直感的な疑問や素直な印象が反応としてあります。「読み合い」は、その後の交流の素地をつくり、解釈形成の入り口になったといえるでしょう。

読みの学習における「読み合い」は、概ね次のような形で実践化されています。

○読み手は一文ずつ音読する。※範囲が長文であった場合は、読み手の裁量で音読する。
○読み始める文は、読み手が決める。
○聞き手は、読み手の音読を静かに聞く。
○聞き手は、読み手の音読の合間に、感じたことや考えたこと、疑問や気づいたことを発言できる。発言された内容については、読み手を中心に他の聞き手も応じる。
※聞き手は発言量を意識し、話し合いが長くなり過ぎないように気を配る。
○話し手は、聞き手の発言が落ち着いたら、続きを音読する。聞き手の発言が収まらない場合は、読み手の判断で話し合いを遮り、続きを読み始めてよい。

05 交流前に考えを更新しない

こんなことはない？

【問いが求める答えの見通しをもつ場面】

問い　「「五月」を昼、「十二月」を夜に設定した理由は何か？」

C　日光と月光で一日を表したかった。

C　昼にしないと「かわせみ」や「魚」が活発に動いている様子が描けないから。

C　「やまなし」が静かに落ちてくる感じが静かな夜に合ってるんじゃない。

ここが問題

本時の問いを確認した際、問いが意図した効果を発揮しているならば、半数以上の学習者が答えの見通しをもっているはずです。一旦、そういった気づきを得た学習者は、読みの能力にかかわらず新たな考えをもちにくくなります。

気づきの拡がりを意図する

■導入時の考えがもつ強い印象

問いが示された瞬間、頭の中に答えが浮かび即座にその考えを保留して他の可能性を模索する、このような学習者は決して多くはありません。一旦得た気づきを大事にしたい気持ちは学習者に限ったことではありません。第一印象は強いのです。

場面例の問いと学習者の反応は、順当なものです。ただし教師の立場からいえば、「五月」の「かわせみ」が象徴するものと「十二月」の「やまなし」が象徴するものとの関連から日光・月光の描写の効果を考えてほしいところです。交流の中でこのような考えが話題になり、多くの学習者の検討材料になることを期待しています。しかし、場面例のようにそれぞれが十分に考えをもつ状況であるからこそ、学習者の立場では、さらに考えを更新し、交流の中で追究される余地がないように思えます。

導入において問いへの第一印象を超える読みを促すためには、第一印象を塗り替える気づきが必要です。そのような気づきをもたらすために、教師はゆさぶりをかけていきます。

■3割に向けたゆさぶり

ゆさぶりは、《どのような》気づきを〈誰〉にもたせたいのかを明確にしておくことが求められます。ここまでの項で述べてきた導入の手立ては、《問いへの理解（第2章01）》や《他者との相互作用を通した解決（第2章02）》などにかかわる気づきを、〈学習集団全体〉に期待するものでした。教師は本能的に全員にわかりやすい、わかり得る言動を心がけます。だからこそ、教師の説明は懇切丁寧に、端的に、明瞭になっていきます。

しかし、読みの学習における導入の役割は、全員に同じ考えをもたせることではありません。問いを通して自己とテクストと他者との対話が始められる準備を整え、個々がその一歩を踏み出せる状況をつくることです。つまり、全員が教師の言動から同じ情報を得て、同じ気づきを得る必要はなく、〈学習集団の3割〉にねらいを定めたゆさぶりがあってもよいわけです。この3割は、例えば、抽象的な言葉で意味づける読み、テクスト全体の一貫性を念頭にした読み、細部の描写を踏まえた読みなど、読み方の傾向を表しています。導入時点のゆさぶりで学習集団全体がこのような読みをもつことは難

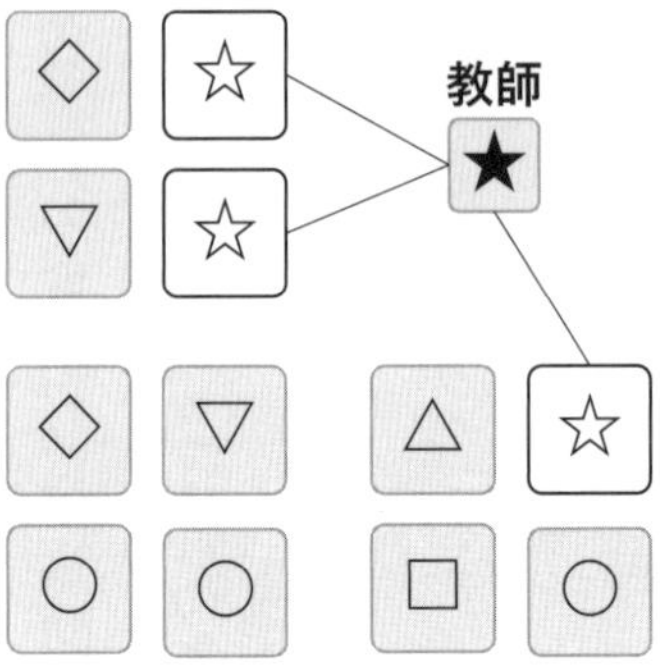

図12　３割に向けたゆさぶり

しく、また強引な誘導は読みを狭めることにもなります。あえて、一部の学習者をゆさぶることによって、交流での相互作用の効果を高めておきます（図12）。

全体を牽引しない程度の偏った読み方、言われてみればという違和感の提示によって、導入から再考を促します。このようなゆさぶりを行う際は、解釈を例示することとの差を意識し、問いとの整合性に注意しながら言葉とタイミングを選んでいきます。

■導入から始まる再考

場面例から〈学習集団の3割に〉向けたゆさぶりを考えてみましょう。

「かわせみが自然の厳しさを象徴しているなら、夜の川底の方が合うんじゃない」

読み手の意味づけが求められる部分をあえて矛盾として取り上げ、違和感をつくります。低・中学年で常用される「ほんとに？」「ちょっと変じゃない？」といったゆさぶりの延長線上にありますが、より明確な違和感をもたせるために踏み込んだ読み方を提示していません。反面、「かわせみ」の象徴性やイメージの拡がりについては説明していませんので、そもそも象徴や二枚の幻灯の相互関係を捉える読み方をしていない学習者にとっては、ピンとこない教師のつぶやきになるのです。

06 問いを受け入れられない

こんなことはない？

【本時の問いを否定的に捉える学習者がいる場面】

T　前回話題になった問いを使って、交流しながら考えましょう。
C　他の問いがいいと思います。
C　自分の考えた問いの答えを考えるとかは、ダメなんですか。
T　じゃあ、次回の問いをどうするのか、後で考えることにしましょう。

ここが問題

本時の問いに興味をもてない学習者がいます。読むことへの意欲の表れとしては称賛しますが、学習者の問いに対する認識不足であるともいえます。このような理解の齟齬は放置しておくと学習意欲の低下につながる恐れもあります。

読者の問いと学習者の問い

■自分の疑問や興味を優先し過ぎる読者

授業で扱う問いを自分が追究する問いとして受け入れられない学習者がいます。テクストを読む一人の読者としては真っ当な感覚です。そもそも、教室内での読みは「読者としての学習者」「集団内の自己」という複雑な立場で形成されます（図13）。

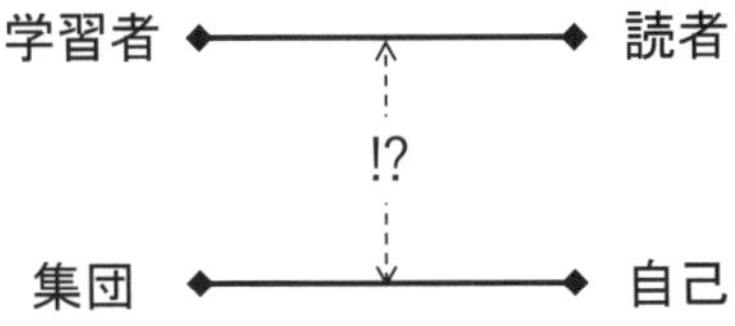

図13　教室での読みの位置

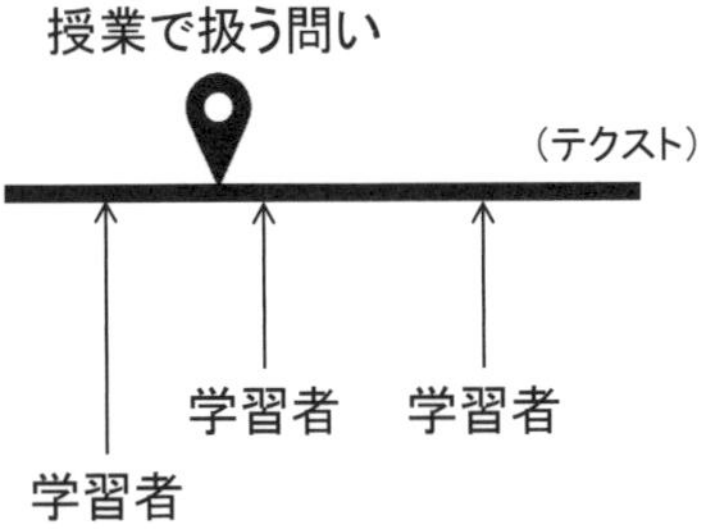

図14　テクストへの問い

学習者の個人的な疑問や興味は、テクストに示された着眼点のようなものです（図14）。授業で扱われる問いは、自分の問いか、友達の問いか、あるいは教師の問いか。いずれにしても、学習では教材の特性や指導事項に応じた「誰か」の問いが取り上げられることになります。

子ども達が培ってきた読書経験ある

いは生活の中での個人的な経験が、問いを生み出します。次の展開を想像し、人物に感情移入していくような、ファンタジー世界を楽しむようなときには、気づきや疑問がありま す。これが、個の読者の問いとなります。読みの学習は、このような個々の読者の問いを学習活動に引き込み、読みの力を身に付けさせるものです。注視すべきことは、学習活動で扱う問いはあくまで集団の問いであるということです。教室という特殊な状況の中で、子どもは孤立した読者ではなく、学び合う学習者なのです。

では、読者の問いと学習者の問いとの違いはどこにあるのでしょう。それは、他者とのかかわりを意図しているか、否かにあります。教室での読みとは、他者との相互作用を通した解釈形成です。求められるのは、他者とのかかわりによって自身の解釈を捉え直し、追究するような読みなのです。

西田（2022a）は、図15のように集団の問いの位置づけを示しています。集団の問いは読みの交流を通して、他者とのかかわりを生み出し、自他の協同的な経験として積み重ねられていきます。

集団の問いがあるからこそ、自己の問いを自覚することができます。教室での子ども達の問いは、自己の問いを基にして集団の問いに応じ、集団の問いを自己の問いに還元させせ

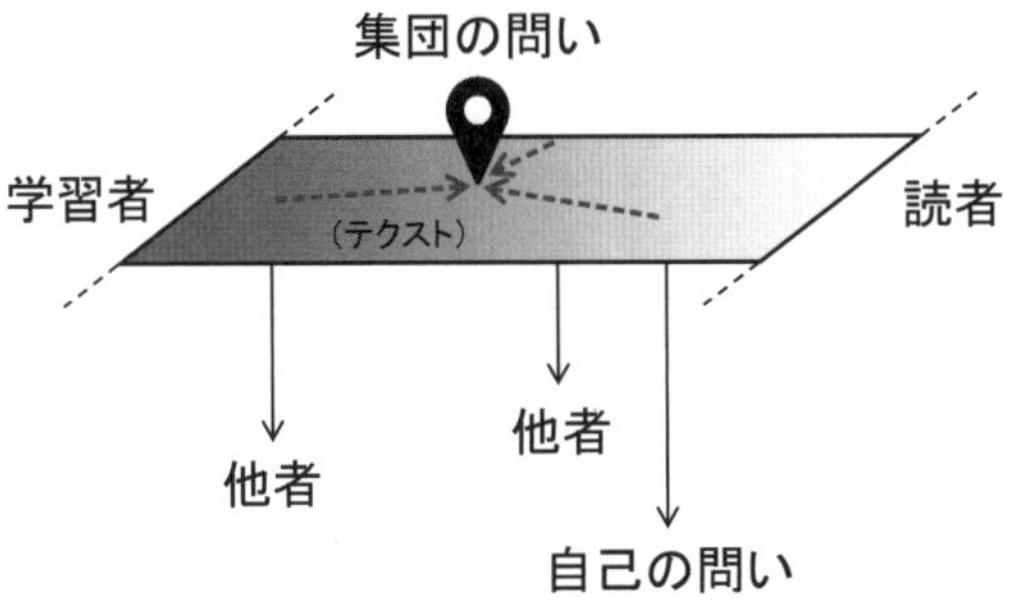

図15　交流を前提とした集団の問い

るという関係性をもっているのです。

また、子ども達の問いは「読者―学習者」間と「自己―集団―他者」間にあります。他者とのかかわりの中で問い、そして答え、解釈の深まりとともに自己の問いも更新されていきます。子ども達は、自己の問いを集団の問いの一部として他者と共有するからこそ、より良い問いを生み出そうとするのです。

■問う力の育成

今日、自己の問いをもちながら読む学習者の姿勢が重視されています。とはいえ、単に学習者の問いを学習に生かせばよいというものでもありません。松本・西田（2020）が提案する「問いづくり」のような、学習者の問いの更新を伴う学習デザインが求められます。問うことへの学習者の意識を高めることが、自立した読者の育成につながります。

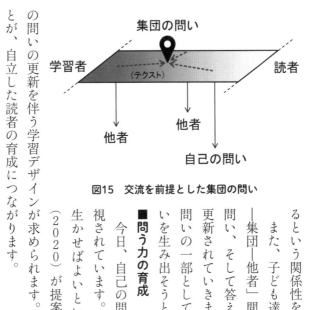

07 交流に対する誤解がある

こんなことはない？

【交流に向けて自分の考えをもつ場面】

T　交流のために、少しでも自分の考えをノートに書けるとよいですね。
C　ちょっと思いつかないので友達の考えを聞いてから書きます。
C　交流の時に友達がいい考えを教えてくれるので待ってます。
C　考えてはいるんですけど、ノートに書かなくてもいいですか。

ここが問題

自分の考えをもつことに消極的な学習者がいます。特に読むことを苦手と感じている学習者にとっては自分の考えを肯定する機会がなく、自身が考える必然性がなくなっていきます。結果的に他者に対する依存度は高くなります。

読みの交流がもつ活動の場面

■学習者の交流に対する理解

読みの交流がどのような活動であるのか、学習者自身が理解を深めることが求められます。もちろん、第1章01で述べたような理論的な知識とは異なるものです。では、学習者は読みの交流をどのような活動として理解すればよいのでしょうか。

読みの交流は、「話す」「聞く」「話し合う」「書く」を伴った「読む」活動

一般的に話し合う活動として認識されることが多いのは、これまでの交流が話し合いを強調してきたからです。交流は、思考・判断・表現の場面であり、読むことにつながるあらゆる活動を内包しています。学習者に実感させたいのは、交流が他者を傍に、読むための多様な活動を実現する場面であることと同時に、どのような場面にするかは自分自身の選択にかかっているのだということです。場面例のような学習者は、読みの交流を聞く活動であると思い込み、情報収集を主な目的としているのです。

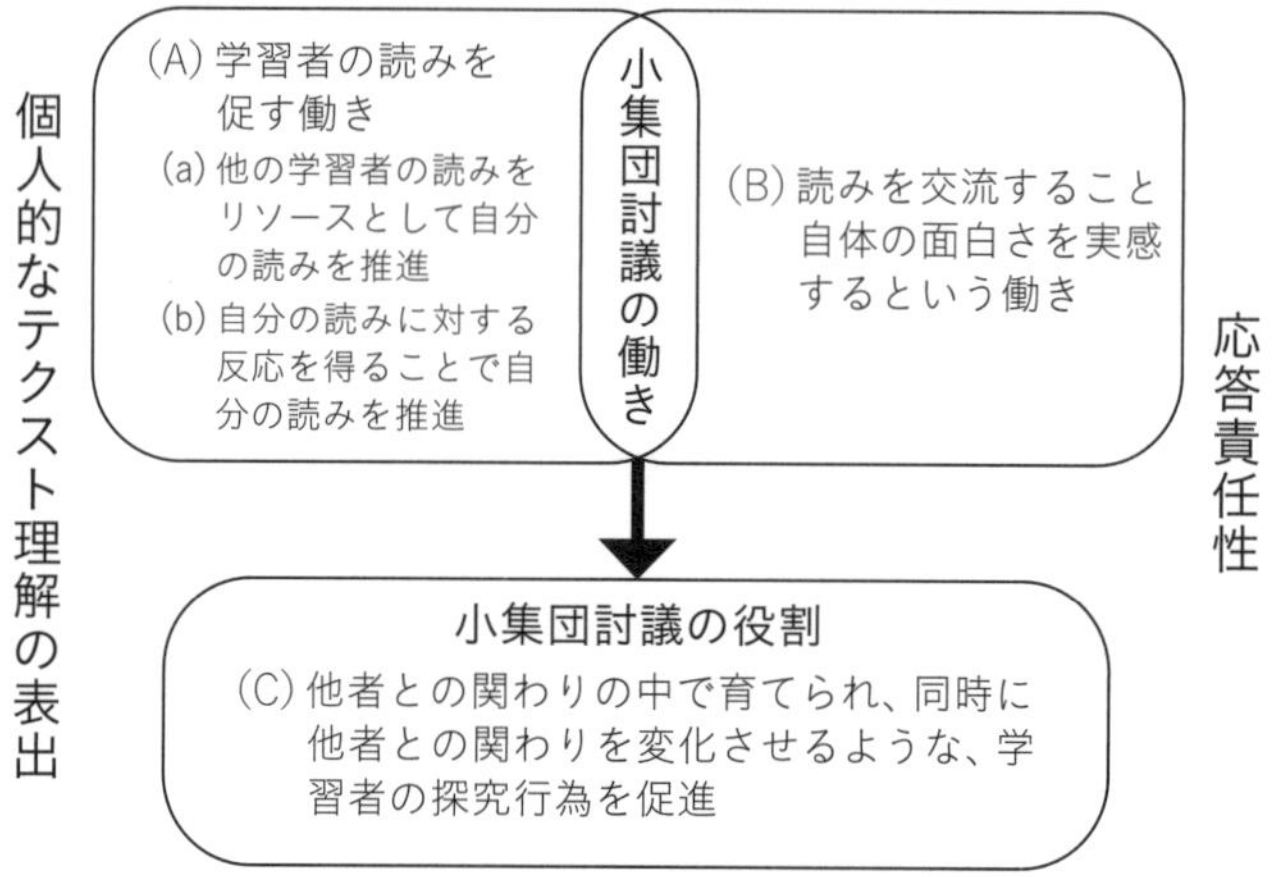
応答責任性
(A) 学習者の読みを促す働き
(a) 他の学習者の読みをリソースとして自分の読みを推進
(b) 自分の読みに対する反応を得ることで自分の読みを推進
小集団討議の働き
(B) 読みを交流すること自体の面白さを実感するという働き
小集団討議の役割
(C) 他者との関わりの中で育てられ、同時に他者との関わりを変化させるような、学習者の探究行為を促進
個人的なテクスト理解の表出

図16　小集団討議の役割（寺田，2012，p.78から引用）

■他者への説明責任

寺田（2012）は、交流を通した読みにおける小集団の役割について、図16のように示しています。(A)・(B)の働きを実感し(C)を成し得るような学習集団を目指します。

場面例の学習者たちは(a)に頼り過ぎているといえるでしょう。問いの答えをまとめることが学習の目的になってはなりません。問いは解釈形成の枠組みでしかありません。自分の直感的な思いつきが、(b)他者とのかかわりを経て推進される経験を重ねることこそ読みの学習なのです。また、それは他者と読みを交換する面白さを伴うもの(B)であるべきです。

交流への過剰な期待がある一方で、「答えがわかるので、話し合わなくてもいいですか。」

といった声もあります。交流がもつ多様な活動を実感させることは、交流に対して必要感の低い学習者にも有効に働きます。

■解釈の表出としてのミニマル・ストーリー

交流によって得られる学びは単元全体に及びますが、表出の仕方は様々です。単元を通した解釈の更新を見取ろうとして、同じ問いを再び設定し交流した結果、意図した効果が得られない場合もあります。繰り返された問いの答えは、図らずも理路整然とした説明になり、読者としての興味や印象が反映される余地を失っているからです。

ここでは、ミニマル・ストーリーを勧めます。ミニマル・ストーリーは、「このお話はどんな話か?」を端的に言い表したものです。一般的には主人公の立場で語り、どう変わったのかという成長や出来事の顛末をまとめていきます。実践では第一次と第三次でミニマル・ストーリーを書き、その変容を見取るといった活用の仕方になります。

(例)　残雪をただの獲物だと思っていた大造じいさんが、仲間を助ける残雪の姿を見てライバルと考えるようになるお話

個々の着目に沿って細かな差異が生まれます。制限し過ぎると個々の読みを表出しにくくなりますので、例文のような一文を最短として、最長でも三文程度が適切でしょう。

08 前時の学びを生かしていない①（内容）

こんなことはない？

【前時の学習を振り返る場面】

T　前回までにどんなことを読み取ってきたのか発表してください。

C　はい。太一が与吉じいさの弟子になって、一人前の漁師にまで成長して、お父さんの海へ戻ってくるところまで読みました。

T　そうですね。では、今日の場面を音読して問いを確認しましょう。

ここが問題

読みの授業の始まりが、前時の記憶を呼び起こすだけの作業になっています。学習者の振り返りの言葉にも改善の余地がありますが、教師は呼び起こした内容が本時の学習とどのようにつながるのか、明確にしなければなりません。

読みの学習における振り返りとは

■前時の振り返りに求められる言葉

前時の学習の振り返りに求められるのは、内容（物語の内容）と方略（読み方）を呼び起こし、本時の学習に生かせる情報として俎上に乗せることです。教師は、少なくとも次のような点を考慮し準備しておくことになります。

①何を（内容：人物・場面・テーマなど、方略：ロジック・叙述の関連・読みの観点など）
②どうやって（発言、学習掲示物、ICT、板書など）
③どのような情報として再提示するのか

①あるいは②に着目した導入は、従来から工夫がなされてきました。さらに③に配慮する理由は、問いに対する考えの形成を促し、交流での他者とのやり取りに効果を発揮するような振り返りにしたいからです。

ここでは、内容（物語の内容）を取り上げて①②③を考えていきます。

■前時の振り返りに求められる言葉

場面例から、前時の振り返りにどのような言葉を期待するのか考えてみましょう。

> 太一が与吉じいさの弟子になって、一人前の漁師にまで成長して、お父さんの海へ戻ってくるところまで読みました。

この学習者は、太一の立場で物語の展開を簡潔に述べています。ただし、このような振り返りの言葉があるということは、ここまでの学習が物語の内容を冒頭から順に読んでいくような昔ながらの授業スタイルであったことが伺えます。そういった授業展開そのものにも課題はありますが、注視すべきことは学習者が太一の立場で展開をまとめよう（①）という発言（②）が、本時の問いにつながる（③）のかということです。仮に本時が前時の続きを同様に読むのであれば、ここでの振り返り①は適切かもしれません。この言葉が振り返り③として適切であるためには、テクスト全体のあらすじを学習者が考えるといった本時の課題が設定されることになってしまいます。振り返り①③は、問いを考えるために、言語活動を成立させるために、共有しておきたい情報で密接な関係にあるのです。つまり、振り返りは前時の学習の確認ではなく、本時の学習の前提となる情報の提示なのです。

物語の内容についての振り返りは、人物や場面、テーマといった観点に沿ったものにすることが重要です。さらに、振り返り①②③にかかわらず、どういった経緯でそのような読みがなされたのかという確認までしていきたいところです。

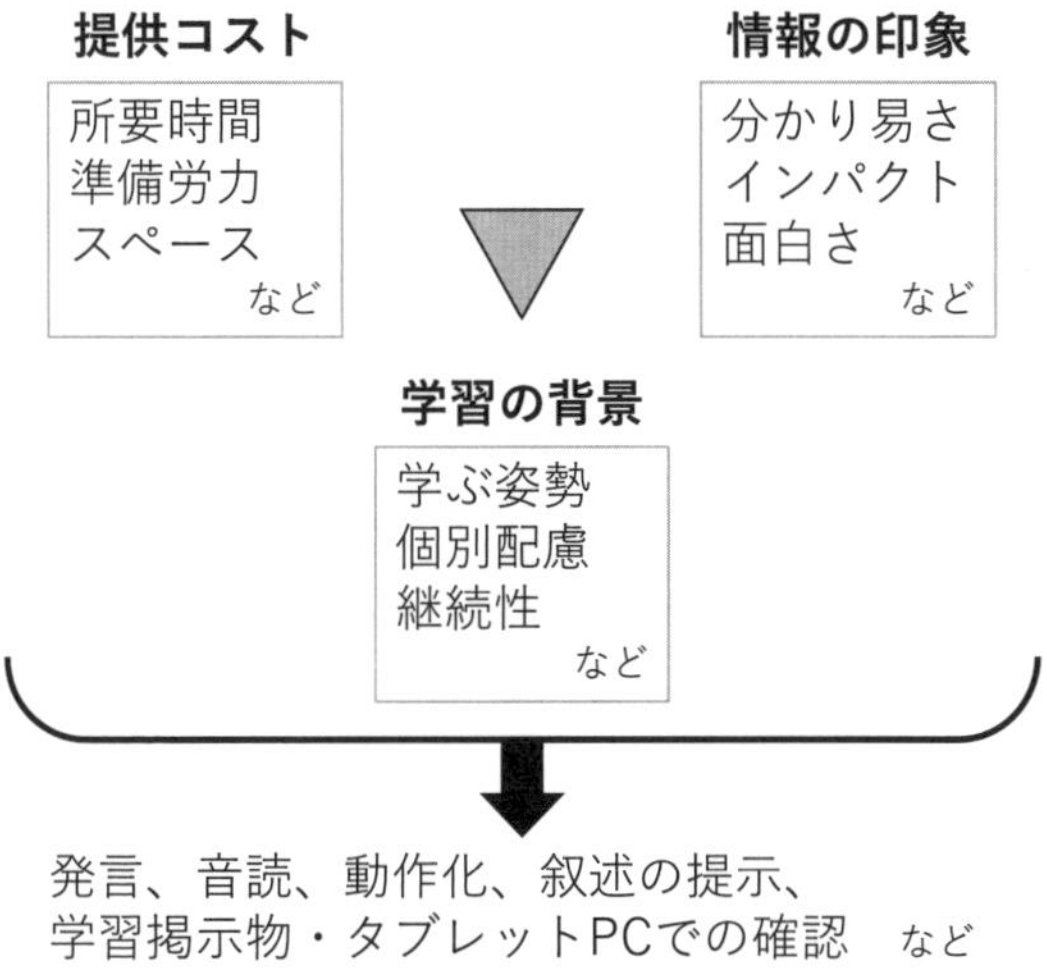

図17　振り返りの方法を導く諸要素の関係

■振り返る方法の選択

②は、図17のような諸要素のバランスから効果を考慮し、方法を選択します。例えば、提示される情報の印象を追い求めた結果、継続的に使用できない方法、導入に時間がかかり過ぎる方法を選択しても十分な効果は期待できません。

前時までの振り返りによる導入の効果は、①②③の整合性によって決まります。

09 前時の学びを生かしていない②（読み方）

こんなことはない？

【前時の学習を振り返る場面】

T　前回はどんな学習だったのか発表してください。
C　はい、登場人物の関係から心情を読み取りました。
C　太一と与吉じいさとの関係から、二人の考え方を読み取ったよね。
T　そうですね。今日も人物の関係に注目して読んでいきましょう。

ここが問題

読みの観点を基に前時の学習を振り返ることができる学習者の育成は重要な取り組みです。しかし、前時のめあてや学習計画を復唱するだけになっていないでしょうか。このような振り返りが本時に生かせる学習者は僅かです。

読み方を活用できるようにしよう

■振り返りによる読み方の確認

読み方は、読みの学習で学習者が培うものです。例えば、「ロジック」「叙述の関連」「読みの観点」といった方略になります。導入時の振り返りでこれまでに学んだ読み方を確認する理由は、本時での活用を期待しているからです。ここでは、「ロジック」「叙述の関連」について述べていきます。

■学習者の解釈形成に対する理解

導入の短時間で、学んできた「ロジック」を振り返るには、ある程度の「ロジック」に対する理解が前提になります。論理を枠組みとした教室での学習展開については、松下（2021）が様々な教科での活用を念頭にしたモデルを提示しています。

読みの交流は個々の解釈形成を促すものです。では、「読めた」「自分の考えを得た」というのはどのような状態を指すのでしょうか。その入り口が導入時に表れるわけですが、ノートに一言でも書ければよいのでしょうか。書くとすればそれは何でしょうか。実は多くの教室で明確になっていないことかもしれません。

読みの学習において学習者が自覚しやすい解釈の基本セットは、鶴田・河野（２０２３）が提案する三角ロジックです。鶴田は、井上（２００７）の論理的思考力の整理やトゥールミン・モデル（Toulmin、１９５８）から、三角ロジックの働きを説明しています。その中で、「根拠」と「理由づけ」の区別の重要性を述べています。「根拠」は客観的な事実・データであり、誰にとっても開かれアクセスや取り出しができるもの、「理由づけ」はなぜその「根拠」を選んだか、それをどのように推論・解釈したかという考えの筋道を示す、人によって異なる可能性があるものとします。その上で鶴田は「根拠となる事実やデータをあげるだけでは、論証したことにならないのである（だからといって客観的な根拠がないままに理由をこじつけて述べるのは論外であるが）。」（15頁）と述べるのです。三角ロジックでは、叙述の確認と理由づけとがセットになってはじめて意味を成します。例えばこのような三角ロジックの完成を「読めた」状態とするならば、型だけでなくそれぞれの要素への理解も軽んじてはなりません。

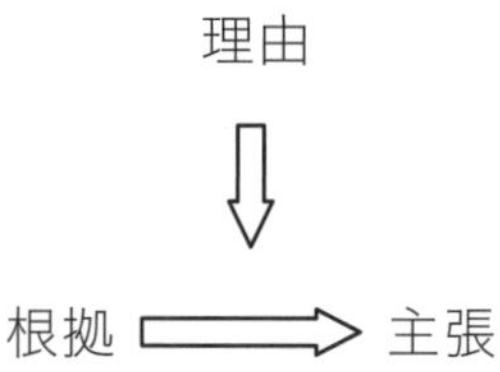

図18　三角ロジック（鶴田・河野, 2023, p.7より引用）

■叙述の関連

導入時に叙述を提示することは多くの利点があります。本文シートを黒板に提示すれば、都度、学習者に注目させることができるからです。本時の問いを考える際に起点となる叙述、あるいは解釈の差異が期待できる叙述、前提とすべき叙述などが当てはまります。

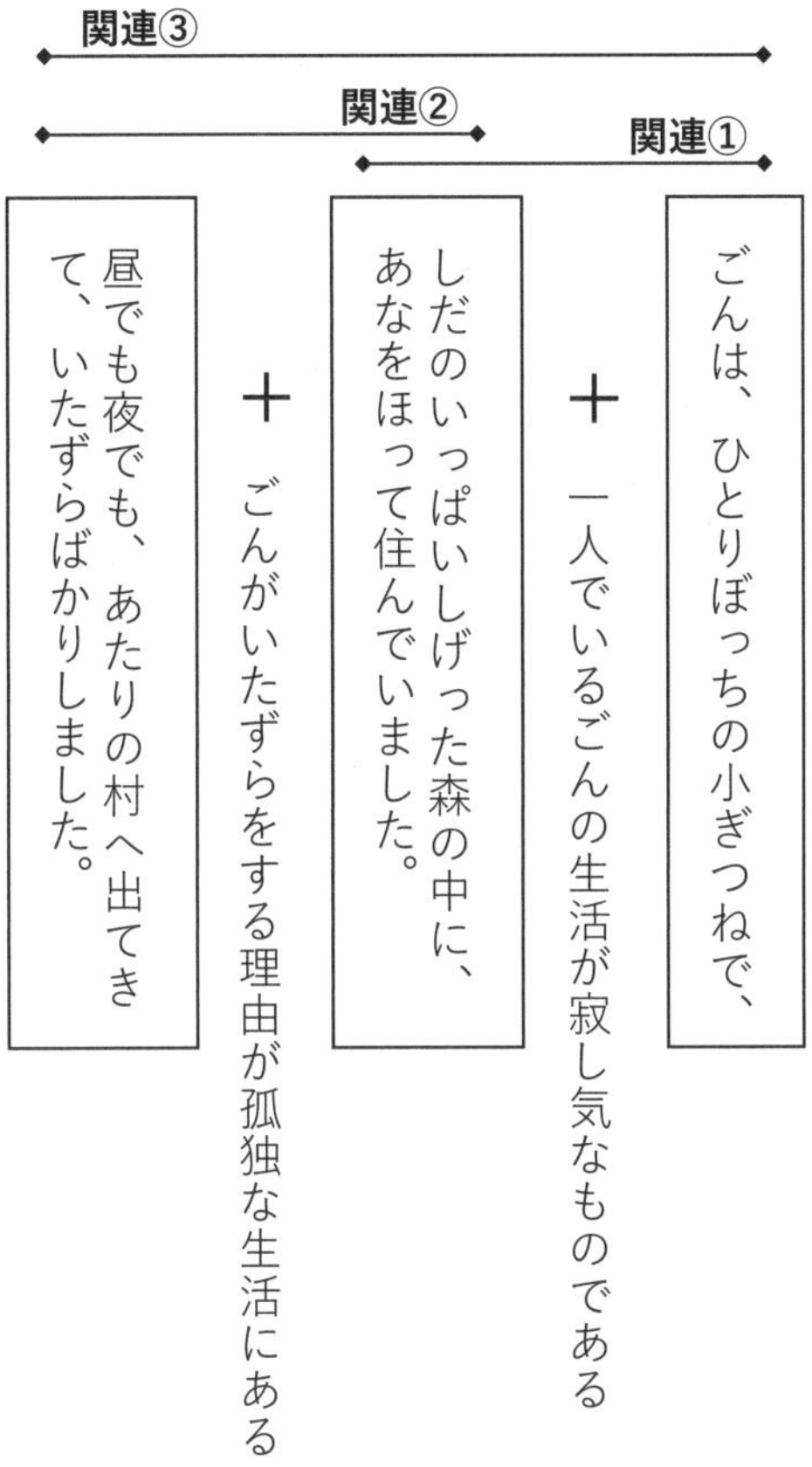

図19　提示される叙述の関連

10 友達の考えが理解できない

こんなことはない？

【話題についていけない学習者がいる場面】

C　松井さんは人とかかわることが好きな人なんだと思うよ。
C　そもそもタクシーの運転手だし、たけおくんの反応を楽しみにしてるしね。
C　……。
C　じゃあ、他に松井さんの人物像で何かある？

ここが問題

他者の考えが理解できない状況は、読みの交流において歓迎すべきもので、自他のかかわりの契機となるはずです。ただし実際は、「わからない」が話題にならないことも多くあります。また、「わからない」原因は単純なものではありません。

リソースを共有しよう

■個々の異なるリソースがもたらす「わからない」

交流中、他の学習者の発話が何を主張しているのかわからない大きな理由として、リソースが共有されていないことが挙げられます。解釈のリソースは、叙述や個々の経験・知識など、解釈形成に持ち込まれた資材・資源です（第1章01）。交流中に明確な考えが述べられたとしても、そのような考えに至った過程や発想が全て説明されるわけではないですし、解釈形成にかかわる全てのリソースを共有すること自体が不可能です。だからこそ、重要なリソースについて共有する機会を設けることができれば、有効な手立てとなります。

■「もう一人の読者」「もう一つのテクスト」

住田（2015）は、読みの学習における自他の相互作用を社会文化的なものとして位置づけています。教室で共にテクストを読む学習集団を「もう一人の読者」と呼び、そこで共有したテクストあるいは読み方を「もう一つのテクスト」と呼んでいます。「もう一人の読者」はパブリックな存在として自己を俯瞰し、「もう一つのテクスト」は他者とかかわる中で生まれ、自己の読みに影響を与えるということになります。つまり、他者の読みが「わからない」と感じる学習者も、学習集団内のパブリックな存在としてあり、解釈形成過程を共有しその場に身を置いていることになります。「わからない」状況で「わかろう」とすることに意味があり、「わからない」という判断にも意味があるのです。

■過程的解釈の形成によるリソースの仮設

では、無自覚的につくり出されてきた解釈形成過程の共有リソースをさらにわかりやすい形で提供するにはどうすればよいのでしょう。桃原（2010）は、中学校第1学年を対象として二つの問いを組み合わせた実践を提案しています。この実践での問い①の役割は、解釈のリソースの共有を担っています。問い①は、問い②につながる過程的解釈の側面を有しているため、問い②の解釈形成の共有リソースとなるのです。

本時の目的となる問いに向けて前段となる問いを設定し、そこでの経験を共有リソースとします。いわばリソースを仮設するわけです。仮設したリソースは、まさにその場を取り繕うものです。しかしこの時仮設されたリソースは、単に解釈の一部を共有しているだけでなく、方略の断片ともいえる解釈に至る方法を経験として共有しているのです。

■仮設されるリソースとして必要な条件

西田（2019a）は、過程的解釈が本時の問いに対する解釈形成の仮設リソースとして働くために必要な条件を次のように整理しています（309頁）。

a　解釈のリソースが、読みの交流を通した解釈の形成過程に生み出されている
b　読みの交流に参加する個あるいは集団が、過程的解釈が使用される目的と連続性を有している

aは、過程的解釈を生み出す前段の問いも交流の中で解決されるというものです。bは、前段の問いと主となる問いとの関連を学習者が理解しているというものです。

前段の問いに取り組むことで、自他の解釈への共通認識が得られ、その後の読みの交流を円滑に実現します。仮設されたリソースは、個々の読みとして存在し、個々の解釈の一部として使用されたり、他の解釈の比較対象としての役割を発揮したりすることになります。仮設リソースを手立てとするためには、本時の主となる問いに取り組むためのリソースとなるような前段の問いの設定が要になります。

11 自分の考えを堅持する

こんなことはない？

【他者の考えを取り入れる様子が見られない場面】

C 二人の顔がもとに戻らないのは罰だと思います。
C 罰は賛成なんだけど、とても怖かったことの方が強い気がする。
C そうだね。自然の本当の恐ろしさは、もう戻らないところにあるとか。
C いや。私は罰という考えでいいや。

ここが問題

学習者が自分の考えを追究する姿勢が育っています。ただし、他者とのかかわりを無意味なものとするようではなりません。自分の考えを堅持し続けることで、追究する手がかりを失っていることに気づかせたい場面です。

学習者の反応を捉えよう

■解釈の更新

読みの学習は導入時に問いに対する自分の考えをもち、終末ではそれを再考するような展開があります（第1章01）。しかし、多くの教室で初めに考えついたものを堅持し、再考の姿勢をもたない学習者がいます。誤解してはならないのは、考えが変化すればよいわけではないということです。特に読みの交流に対しては他者の考えを取り入れ、考えを変えていくことが正しい姿であるかのような風潮があります。これに対して松本（２０１５）は「単なる解釈の乗り換えが読みの交流と認定されてしまい、読みの深まりのないままでも学習の効果が認められることになる」（13頁）と述べ、退けています。

学習者は交流を通して考えを補強し、拡張し、妥当性を高め、多様化の可能性を模索するわけですから、更新といった言葉が適切でしょう。読みの学習において重視すべきことは、何よりも「反応」です。先の場面例の学習者の課題点は、考えを変えなかったことや補強しなかったことではなく、他者の考えに対する反応がないことなのです。

問題は、そういった反応をどのように表出させるか、ということです。読みの学習において学習者の反応が得られているのは、例えば次のような機会です。

○問いの答えをノートに書く
説明が増える、説明の言葉が変わる、友達の考えを加える等
○他者の考えを聞く
自分の考えと関連づける、他者の考えを代弁する、共感的・批判的に検討する等
○音読する
暗唱する、言葉や文脈に応じた声の出し方になる、自分なりに音読を工夫する等
○叙述を特定する
サイドラインを引く箇所が絞られる、引く箇所が関連づけられる等
○学習記録を残す
全体共有された集団の考えを整理する、毎時の自分の考えを関連づける等

このように、学習者の反応は学びの成果として多様な場で表出されます。教師は、学習者が他者とかかわることで得たものが表出される場を、幅広く捉えるべきです。

■自己への反応

では、交流時、自分の考えを堅持し続ける学習者にはどのような反応を促せばよいのでしょうか。交流では常に目の前の他者への反応を心がける必要はないのです。読むことは自身と向き合うことである以上、他者とのやり取りは自己への反応を呼び起こす機会となっても不思議ではありません。場面例の学習者は少なくとも異なる考えを受け入れない理由を述べる必要があります。もちろん交流中ではなく、別の場でも構わないわけです。

その際、大事にしたいのは「沈黙」です。第1章04で述べたように、自己への反応のきっかけを得た学習者は黙って考える時間を求めます。ただし、交流中の沈黙には他者の協力が不可欠です。沈黙している学習者に対して、無理に発言を求めたり意欲がないと否定したりするようなかかわりを防ぐために、学習集団全体での共通理解が必要でしょう。

具体的な手立てとして、沈黙を表現させる方法があります。教科書を立てて本文を読む姿勢、ノートを開いて考えを書く姿勢、椅子を一歩引いて考える姿勢など、他の参加者へ何らかの合図を送り、沈黙への協力を求めるわけです。個々の学習へ向かう態度を尊重するという信頼関係の表れでもあります。

12 安易に友達の考えに乗り換える

こんなことはない？

【考えが変更される過程が言語化されない場面】

C　がまくんは、かえるくんがお手紙をくれたことがうれしかったと思います。
C　いや、お手紙をもらったことがなかったから、お手紙がうれしいんだよ。
C　そうだね。もらったことがないんだよね。お手紙。
C　じゃあ、お手紙がうれしかったってことだね。

ここが問題

学習者が話し合いの最中、夢中になればなるほど自他の考えを比較し分析することができません。さらに集団内の関係性によっては、自他の考えを詳しく検討することなく、安易に変更してしまうような姿があります。

交流では選択肢をつくろう

■選択肢を増やす

読みの交流における大きな課題が、場面例のような安易な乗り換えです。批判的な話し合いができるかどうかではなく、自他の考えに対して無関心であるような学習者の姿を指します。読みの交流が、読者としての学習者の立場を重視し、解釈形成過程を個々の姿勢に委ねれば委ねるほどにこういった姿を是正しにくくなります。安易な乗り換えの背景には、解釈の変化を手放しに良しとするような教師の価値観の影響もあります。

安易な解釈の乗り換えが抱える問題は、「安易な」です。他者の考えに理解し共感し、自分の考えと比較検討した結果、他者の考えを自分のものとすることに、なんら問題はありません。そもそも私たちは、自他の考えを明確に分離することはできず、絶えず自己内の他者とせめぎ合っています。このような状況は専有（appropriation）にかかわるもので、他者との相互作用による自己内の他者の拡がりは、社会文化的な文脈をもつ読みの交流においても重要なものです。

要は、他者の考えを受け入れるのであれば、「その考えを支える叙述の関連や理由づけといった文脈を含めて受け取りましょう」ということです。とはいえ、読むことに苦手意識がある学習者にとって、それは容易なことではありません。

■選択肢を増やす

ここでは、「選択肢を増やす」という視点でこの問題の解決を図っていきたいと思います。問いに対する多様な考えが生まれるのは望ましいことです。苦手意識をもつ学習者が多様な考えに囲まれながら自分の考えに自信をもつことは難しく、他者の考えが十分に理解できないことも想定されます。「選択肢を増やす」というのは、他者の考えを自分の考えの選択肢として一旦受け入れてしまおうという案です。

その出発は、違いを認識することです。交流中、3~4人の参加者がそれぞれ考えを述べます。仮にAさんにとってはグループでの話題がア・イという二つの考えに思えたとします。自分の考えはどちらに近いのか、あるいは第三案のウとなるのか、判断することになります。自分の考えがまとまっていない学習者であれば、ア・イ、どちらの考えがぴったりな

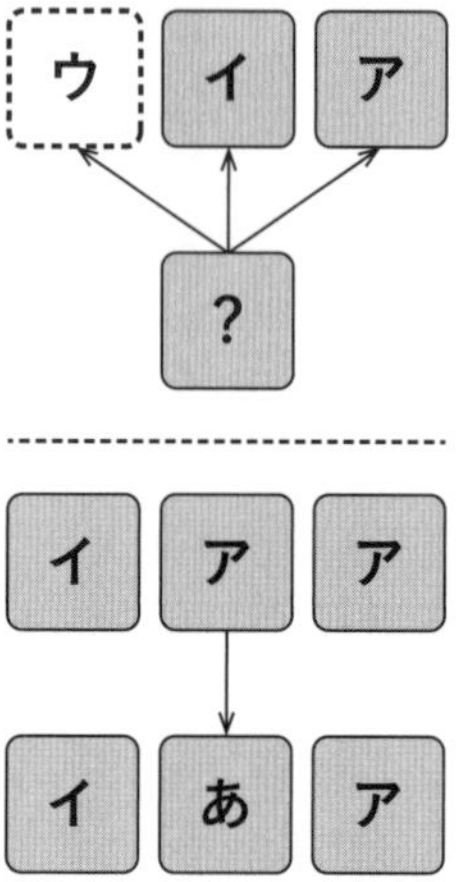

図20　選択肢をもつ場

のかという判断です。

違いを認識するということは、分別する作業です。自分から積極的に違いを見出していく姿勢が求められます。Aさんにとって、アという同じ考えが二つあるように思えても、これらの細かい差異（アとあ）を見つけていくことには大きな意味があります。類似する考えを大掴みに「同じだね」とまとめず、差異に気づこうとする姿勢は、日常的に心がけたいものです。

選択肢をもつことができた時点で安易な乗り換えは発生しません。すでに自身の意味づけが働いているからです。

■選択肢から自分の考えを決める

いくつかの他者の考えを並べることができれば、選択のステップに移ります。ここでは、当然なぜその考えを選択したのか、理由づけが求められますが、直感的にしか選べない学習者もいます。そういった学習者であっても、すでにいくつかの選択肢から選ぶという状況にいるとすれば十分に考えてきた証になります。解釈形成過程において、「選択」は重大な行為であると考えます。

こういった学び方は様々な教科・領域の学習で用いることで定着していきます。

13 ナンデモアリになる

こんなことはない？

【多様な考えが検討なしに列挙される場面】

C　クラムボンは、泡なんだと思います。
C　私は、プランクトンだと思います。小さいものって感じがするので。
C　日光だと思います。光にかかわる描写が多いからです。
C　笑ったり、死んだりしているので、何か生き物だとは思います。

ここが問題

個々の読みは大事にされるべきです。しかし、学習者が多様性を誤解し、他者とのかかわりが読みの発表会になってしまうことも多くあります。個々の読みの妥当性を検討することが求められています。

教材と文学作品

■国語教育研究における文学を読むことの変遷

読みの交流を、個々の考えを発表する場だと感じている学習者が多ければ多いほど、無批判に多様性を認める集団が形成されていきます。そもそも文学の読みは読者それぞれにあってよいわけですから、自然なことです。しかしながら、教室での読みは日常の読書と全く同じというわけにはいきません。読書活動の推進を意図した学習ならまだしも、読みの学習が自由な読書空間であることには違和感があります。

読みの学習における読者の存在は、国語教育研究において長く議論されてきました。それは様々な文学批評理論への接近ともいえます。作家を分析視点とした作家論、作品内での言語の働きに注視し客観的な分析を目指したニュークリティシズム、「作者の死」を宣言したロラン・バルトに代表される構造主義、こういった文学批評理論が読むことの学習の理論的背景としてせめぎ合う中で、1980年代以降、読者の立場を主張する読者論、読書行為論、読者反応理論の実践化が盛んに試みられるようになります。

しかし、読者の立場を尊重するあまり、ナンデモアリの解釈を危惧する声も高まっていました。山元（2001）は、読者論を背景とした実践的な試みに関して、次のように投げかけます（174頁）。

> おそらく「読者中心」を「学習者中心」へとストレートに読み換えてしまいがちなところに、落とし穴があるのではないか。「読者論」と「学習者研究」を直結して考えるそのプロセスで、私たちは過去の国語教育実践や国語科教育学研究のなかで問われてきた、学習者の学習を生かすための企てや学習者の学習への「主体的関与」を誘い学習者を「行為体」としていく取り組みの核心を見失ってきたのではないだろうか。

山元の指摘は、読者としての学習者が学習という枠組みの中で主体となるためには、読者論に基づき読むという行為を担保するだけでなく、当然学習者としての学びを成立させるための方策が必要であるというものです。このような指摘は、学習者の主体性を重視する今日にあってさらに重大なものとなっています。学習者は自他の考えが尊重される学びの場で、何を得ているのでしょうか。

■社会文化的相互作用としての解釈形成

読みの学習が抱える読者の立場にかかわる問題を解決する糸口として、住田ら（2016）を挙げます。住田らは、「私的―公的」「個人的―社会的」という二つの軸で構築された分析ツール（「ヴィゴツキースペース」Gavelek & Raphael、1996）を用いて、他者から提供される慣習的知識としての解釈が、読みの交流という相互作用を通して内面化し、新たな慣習的知識として表出する学習者の様相を示しました。このような学習者の実態の分析は、教室での読みを社会文化的相互作用として捉えているからこそ、自他の解釈が固定的なものではなく流動的なものであることを示しています。直感的な発想や素朴な印象を含めたナンデモアリは、教室内での他者との交流を通して変質を余儀なくされ社会性・公共性を帯びるわけです。総じていえば、多様な解釈が多様なままに妥当性を帯びていくということです。

読者や学習者の主体性をもって、教室でのナンデモアリを容認することはありません。自他個々の読みは、追究し続けることでナンデモアリを乗り越えていくことになります。自他の解釈は多様でありつつも妥当性を求め更新されます。このような多様性と妥当性を共に受け入れようとする姿勢こそ、文学教育でしか培えない重大な学びではないでしょうか。

14 どんな反応をすればよいかわからない

こんなことはない？

【話し合いの最中に意見を求められる場面】

用意していた問いに対する自分の考え方ではなく、他者の考えに対する意見や、その場で話題になったことに対する意見を求められる場面。

C　Bさんは、今のAさんの考えについてどう思いますか？

C　えっと、いいと思います……。

ここが問題

自分の考えはかろうじて話せても、その場の議論には参加しにくい学習者がいます。「思うところはあるがなんといってよいやら」という場合、往々にして安易な答えの往復になってしまいます。

何かを生み出す交流での発話

■書きながら話しながら読みながら

第2章05で、読みの交流が多様な場であることを述べました。交流は、話すことにこだわる必要はなく、書いて伝えることもまた有効なのです。

話し合いに書くことの要素を取り入れるような工夫は、話し合うことの学習において盛んに行われてきました。話し合いボードを用意し、書き込みながら検討していく姿はテクストの問いをめぐる交流でも効果を発揮します。交流であれば個々の考えを比較・分類し整理するだけでなく、個々の試行錯誤の場として生かすことができます。それぞれの思考過程のメモや図解などを自由に書くのです。個々のノートに書くものとは違い、共有の場に書かれたことは、他者の目に留まります。他者の考えの断片を知ることができるのです。

■ダイアローグ的な発話

一方で、場面例のような相手の発話に対して言葉が見つからないとき、他者との対話コミュニケーションを優先するのであれば、伝えるための試行錯誤を続けるべきです。他者へのかかわりの程度が個々に委ねられた読みの交流では、どのようなやり取りを理想とするのでしょうか。それは次のことによって判断されます。

自他のやり取りによって新たな意味づけが生まれたか

これは、ダイアローグ的な発話を重視した評価です。談話の区別として「モノローグ」と「ダイアローグ」があります。「モノローグ」は一方的な発話を指します。話し合いでのモノローグ的な発話は、一方的に自身の考えを押しつけるような発話、確定的な発話といえるでしょう。「ダイアローグ」は、やり取りによって何らかの意味生成が期待される発話を指します。読みの学習における学習者の相互作用をこういった談話分析の視点から明らかにした佐藤（1996）では、ダイアローグ的な発話について「相手の視点を含んだ」（174頁）や「相手の発言を誘い込むような」（174頁）といった説明がなされています。ここでは意味生成の質に加え、他者に向かう意識が発話に表れているか、その有無にも注意がなされていることがわかります。話し合いでのダイアローグ的な発話は、他者の指摘を受けて改めて説明するような発話、共感的・批判的な発話といえます。

■交流中の自己評価

では、学習者の反応をどのように見取っていけばよいのでしょうか。ここでは第2章11で示した反応の機会から、**「他者の考えを聞く」**を取り上げます。

交流中の学習者相互の反応を教師が見取ることは物理的に不可能です。交流での反応を改善していくためには、学習者が自他の発言や反応に対して評価する必要があります。こういった評価は話し合い方に対するものと受け取られがちですが、読みの交流に対する自己評価は別の視点が求められます。教室では学習者の実態に応じて具体的な観点を示すことで、交流に対する自己評価を促すことができます。

- **読みを更新できたか**
- **話し合いながら考えることができたか**
- **叙述を確認できたか**
- **新しい言葉で説明することができたか**
- **自分と友達の考えが似ている理由・異なる理由がわかったか**
- **友達の考えを自分の言葉で説明できるか**

15 自分の判断で交流に参加していない

こんなことはない？

【自分の気づきに向き合えない場面】

C　「わたし」は、大造じいさんの話を同じ猟師として感動して聞いたから、語るときはそれを聞き手にも伝えたいはず。Aさんは、どう思う？

C　（あっ、同じ猟師だから余計にすごいって思ったってこと……）えっと、何、残雪のすごさが伝わればいいなって感じ？　ちょっと待って。

ここが問題

読みの交流がいかに多様な活動の場であったとしても、実際に参加する学習者にとって話し合うこと以外の行動は取りにくいものです。他者とのコミュニケーション行為を中断するには全体での明確な共通認識が必要なのです。

能動的な交流の実現

■学習場面のデザイン

学習者の行為は「場面」をつくります。一方で「場面」もそこでの学習者の行為をつくっています。上野（1996）は、活動にかかわるデザイン指標として「会話のデザイン」と「表現、あるいは、表象（representation）のデザイン」に並べて「空間と身体配置のデザイン」を挙げ、次のように説明しています（7-8頁）。

> 私たちは、あることを行うとき、常に、ある場所を占め、また、ある姿勢をとる。ここで、〝場所〟とは、ある物理的空間の中のスポットではなく、他者やデザインされた部屋、その中の道具との関係で特定できるような身体配置のことである。このような身体配置は、そのときどきでの社会的な相互行為の組織化の在り方を表現している。

学習場面のデザインが様々な働きをもつことは明白です。例えば、体育科器械運動、図画工作科表現での個々の課題に応じた場の設定は日常的なものです。幼児教育では、環境によって学びをデザインすることがむしろ前提といえるでしょう。ただ、学習活動そのものがシンプルな読みの学習では、場面のデザインがあまり注目されてきませんでした。

環境が備え、環境が動物に提供するものをアフォーダンス（affordance）と呼びます。アフォーダンスは、Gibson が構想した心理学、生態学のキーワードであり、英動詞 afford からの造語です。それはリアルであり、パブリックであり、環境の中にある行為の資源（佐々木、２０１５）になるわけです。活動の参加者数や形態、時間といった場面の要素は、交流環境によるアフォーダンスとして学習者の行為に影響を与えています。従来の固定化したグループでの話し合いの場は、他者の存在によってコミュニカティブな読みを実現するとともに、学習者に話し合いを強要するような行為を制限する力も働かせているのです。

■環境がつくる読みの交流

重要なことは、教師が場の効果を意図することです。第1章04で紹介した自立参加型の交流環境を取り上げ、学習者が読者としての主体性をもちつつ交流に参加するための方策を場から考えていきましょう。

自立参加型の交流環境は、自席では自己とテクストとの対話、交流スペースでは他者との対話という二つの場での行為を設け、行き来する学習者のメタ認知的活動を促すことで読みを推進しています。交流に背を向けた自席の配置は、他者を遠ざけ個として自己やテクストと向き合うように学習者を促しています。

交流スペースにはいくつかの交流の場があり、参加人数の制限、全文シートの設置、ノートの持ち込み、といった細かな場の設定によって交流の様相が変化します。対照的な二つの設定から交流スペースのデザインについて考えてみましょう。

【参加人数2名、全文シートあり、ノートなし】

ペアでの対話の連続。対話から自席に戻ることも、次のペアを探すこともできる。ノートを持参しないことで考えを報告し合うような状況が生まれにくい。ペアでの話しやすさがありつつ、全文シートを互いに示すことで叙述の確認も期待できる。

【参加人数無制限、全文シートなし、ノートあり】

4・5名での話し合いに加え、その外縁で聞くだけのような学習者も現れる。持参したノートの記述と発話を比べ、聞きながら考えるような参加の仕方ができる。

学習の場面をデザインすることは、学習者の言動をデザインすることです。場が、学習者に選択の自由を与えることで、学習者が混乱し散漫な学習になる可能性もあります。制限と解放、強化と負荷、常に作用と反作用を念頭に学習者の行為を想定していきます。

16 話し合うことが目的になる①（運営・維持）

こんなことはない？

【司会の役割が強く働いている場面】

C　じゃあ、Aさんから発表をお願いします。
C　はい、豆太はじさまを助けようと勇気のある子になったと思います。
C　次はBさん、どうぞ。
C　Aさんの考えに何か意見を言った方がいいんじゃないの？

ここが問題

読みの交流では司会的な働きを前提としません。しかし、話し合いの学習や定着した学び方から自然に司会を担う学習者が現れることはあります。その際、司会の進行や話し合い方といった話題に時間を使うことは避けたいところです。

交流の素地となる話し合い

■話し合いの学習との関連

話し合うことの学習が読みの交流の素地であることは間違いありません。交流が司会者を置いた話し合いや合意形成を目指す話し合いとは異なる状況を求めていても、学習者が習得している話し合いの能力を発揮することは読みの学習においても重要なことです。

では、話し合うことの学習を進めていくことで、学習者はどのような質的変化をとげるのでしょうか。

話し合いの過程を分析する枠組みとしてMercerの提示した類型があります。山元隆春（2014）はMercer（2008）の類型を次のように説明しています（59頁）。

1　論争的会話（Disputational talk）
意見の食い違いや個人的な意思決定が幅をきかせ、話し合ったことを蓄えたり、意見に対する建設的な批評を提供しようとはしないもの。

2　累積的会話（Cumulative talk）
他の人たちが言ったことに対して否定せず肯定的にものを言うもの。「共通の知識」を蓄えていくために用いられるトーク。

3　探究的会話（Exploratory talk）
話し合いの参加者たちがそれぞれに、他の人のアイデアに対して、批判しながら建設的に取り組むトーク。

山元隆春は、1から3へとトークの仕方が発達するわけではないというMercerの意図を示しつつ、コミュニケーション行為を「探究的」なものにできるような能力の育成を求めています。この考え方は山元悦子（2016）が目指す「組織型話し合い」の指導構想にも通底します。「組織型話し合い」とは、「お互いの意見を比較・統合・位置づけながら組織化を図り、話し合いの目的に沿って批判的共同思考がなされる話し合い。話し合いの目的を意識しながら、自他の意見を対象化して検討、調整、合意形成を図るプロセスをたどることを特徴とする」（283頁）とされます。「組織型話し合い」の実現には、「探究的会話」（「Exploratory talk」は「探索的会話」と訳される場合もある）や話し合いに対するメタ認知（第1章05）を働かせることが不可欠になるわけです。

■話し合いの運営・維持

話し合いでのメタ認知は、話し合いをモニタリングし、コントロールしていくような発話として現れるため、司会的な役割に集中していきます。いわゆる話し合いを調整・進行していくための能力です。山元悦子は談話分析のカテゴリとして、次のような項目を設定しています（282頁より抜粋）。

4．話し合いについてのメタ意識が見られる発言　参加の促し 発言要求
話し合いの流れをモニターする　手順意識 目的意識 整理・結論づけ

読みの交流でこのような話し合いの運営・維持にかかわる発話が積極的に求められることはありません。ただし、話し合うことの学習によって、このような発話が学習者に定着することは期待しているのです。配慮されながら保たれる安定的な話し合いの枠組みがあってこそ、交流は自己表出の場面としてのラフな形態を目指すことができます。

17 話し合うことが目的になる②（話し方）

こんなことはない？

【話し方が話題となる場面】

C　秋から始まって、最後の場面は春だから、何年かと半年の話でしょ。
C　ちゃんと「目指す話し方」で、言ってください。
C　えっと、私は何年かと半年の話だと思います。理由は、春までだからです。
C　どの文から考えたかも言ってください。

ここが問題

各教室では、話型なるものや話し方の手本が共有されている場合が多くあります。交流中こういった常時活動が意識され過ぎると、読むことよりも話すことに意識がさかれ、本来気づいてほしいことが失われていきます。

読みの交流は話し方を学ぶ場ではない

■読みの交流に関する分析

読みの交流は、学習者の読みが多様な方法で表出される場面です（第2章05）。話し合いはその第一の手段であるものの、唯一の手段ではありません。よって、交流中、学習者間での話し方の確認や指摘を推奨しません。教室で安定した学習集団を維持するためのルールや手順が求められるのは確かです。できるだけラフな形での話し合いを求める読みの交流は、こうした教室風土と相反するものではなく、学び方を拡張させるものとして理解しておきたいところです。

松本（２０１５）は、交流における学習者の発話分析として「質的三層分析」を提案しています。これは、学習者の様相を明らかにしようとする際の量的分析に疑問を投げかけ、「質的な分析にとどまりつつ、主観的な解釈をできるだけ排除して分析を行うために考案した分析法」（15頁）とされています。「質的三層分析」における三つの層は、それぞれ次のようなものとして説明されています（16頁から抜粋）。

○形式的な特徴	間が長いとか、発話が多いとか、笑いが多いとか、文末表現がくだけているといった表面的・形式的な特徴のことで、ここで特徴的なことについて検討すると、会話の傾向を確かめることができる。
○会話上の機能	話し合いを意味あるものとして推進しようとする協同の意思が働いているかどうかを見るもので、発話が途切れたときに促すとか、質問をし、考えを深めるとか、代わりに説明して確かめるとか、いろいろな形がある。
○意味的な内容	学習内容に関する内容そのものであり、読みの交流の場面には、自他の読みにかかわる内容を検討する。ここで恣意的な授業分析者の解釈が入らないように、というのが形式と機能の層での分析でもある。

話型や話し方にかかわる層は、「形式的な特徴」に当たります。従来の分析において混ざり合っていた「形式的な特徴」や「会話上の機能」を把握することで、学習者の教材に対する読みを精緻な「意味的な内容」として取り上げようとしています。

質的三層分析が読みの交流の成立を見取るために策定された背景を考えれば、交流が形式的な話し方や整った進行を望まないのは明らかです。その理由は、文学の読みが個々の経験や感じ方を直感的に素朴に発揮するものだからです。例えばフォーマルな状況では、瞬発的な発言が不真面目な発言と受け止められることがあります。これは聞き手の反応次第で変わるものです。問題は話し方ではないのです。周囲がそれを一つの発想として当然に受け取り、追究する反応を見せることが重要です。

■読みの交流の心得

話し方を意識させないことが読みの交流の特性に応じた話し方といえます。かといってこれまで学んだ話し合い方を積極的に崩す必要はありません。その際、次のような心得を学習集団の実態に応じて共通理解しておくとよいでしょう。

- 一・気づいたことはつぶやく
- 一・同時に話してもよい
- 一・考えるために黙るときもある
- 一・考えるために書くときもある、ただしメモ
- 一・本文を読むことも忘れない

18 話し合うことが目的になる③（論破）

こんなことはない？

【他者の考えを批判することが目的となっている場面】

C　女の子が「ちょう」かどうかはわからないよね。
C　いや、どう考えても「ちょう」でしょ。「女の子」いなくなってるし。
C　急にいなくなっただけで、「ちょう」だったとは書いてないよ。
C　いや、書いてないけどみんなそう読むでしょ。ねえ、そうでしょ。

ここが問題

白熱した話し合いは、時に否定の応酬のような様相を見せます。それ自体を悪しきものとすると話し合いは表面的なものになります。問題は、過度に優劣をつけることや、その場の雰囲気で推し進めようとする姿勢です。

交流では自他の考えが競合する

■話し合いのタイプ

読みの交流に限らず、話し合いでは他者を論破すること自体が目的化する学習者がいます。こういった学習者とは話し合いの目的や姿勢を共通理解することが不可欠です。

まず、話し合いにかかわる日常的な指導として話し合いのタイプを示し、目的に応じてそのタイプを意識した話し合いを促していきます。

- 一つの考えに決める話し合い（収束）
- たくさんの考えを出す話し合い（拡散）
- いくつかの答えを選ぶ話し合い（競合）

教室での話し合いのタイプを大掴みにいえば「収束」「拡散」の二つが挙げられます。

さらに、読みの学習を念頭にしたとき、「競合」というタイプの話し合いが重要になってきます。競合は、いくつかの考えを残したままそれぞれの妥当性を高める話し合いです。

次	学習活動	タイプ
一	○初読の感想の交流をする ○学習計画を立てる	・拡散 ・収束、競合
二	○物語を大まかに捉える ○問いを基に物語を読む ＊個々の価値観で判断する問い	・収束 ・競合 ＊拡散
三	○個々の言語活動でのまとめ ○グループの言語活動でのまとめ	・拡散 ・収束、競合

図21　読みの学習単元内での話し合いのタイプ

どんな問いにおいても、いくつかの答えあるいは説明の可能性はあります。答えにはいくつかの可能性があって、それを選り分けながら考えていくという意識を学習者自身がもつことに大きな意味があります。

三つのタイプのうち、論破する雰囲気が生まれやすいのは、収束と競合です。そこで重要なことは、受容し合える関係の構築です。どのタイプの話し合いであっても、読みの交流では、議論の先にある最終的な結論が個人に委ねられています。このことを共通理解し、他者の考えや説明を不用意に論破しようとする学習者へ相互の声掛けを求めます。

■単元内での話し合いのタイプ

単元構造から見たとき、三つの話し合いのタイプは図21のような場面で使用されるでしょう。

拡散タイプは、個々の発想や思いつきが重視される場面です。第二次でいえば、問い **「いつまでも、いつまでも見守っている大造じいさんを、あなたはどう思いますか」** といった人物やテーマを自分の価値観と対比して考えるような場面での交流です。

収束タイプは、学習を成立させるために、学習集団全体で統一した枠組みを必要とする際の交流で使用されます。第二次では、時や場所、人物など設定にかかわる諸要素を確認するような交流がこれに当たります。

よって第二次の交流では、ほとんどの場合、競合タイプの話し合いになるのです。

■「競合」の話し合いのポイント

交流において「競合」する状況を生み出すには、三つポイントがあります。選択肢・許容範囲・優先順位です。競合するには、まずいくつかの選択肢が必要です。選択肢に対する検討で情報を共有し、その中で許容できるものとできないものを選り分けます。その後、競合を明確化する発話が求められます。これは、情報の共有から個々の判断へ移行するための合図になります。許容された選択肢の中での優先順位を個々の学習者がつけ、自分が採用する考えが他の選択肢との競合によって説明されるわけです。なお、重要なのは手順ではなく、問いの答えにはいくつかの可能性があり競合するという考え方です。

19 教師自身の解釈で統制する

こんなことはない？

【個々の考えを取り上げる場面】

T　では、松井さんの人物像について考えを発表してください。
C　ちょうを逃がしたかわりに夏みかんを置く優しい人だと思います。
C　シャツをうでまくりしているので、暑がりなんだと思います。
C　小さな声を聞いているので、小さなことにも気がつく人なんだと思います。
T　なるほど。松井さんはよく気がつく優しい人だってことですね。

ここが問題

全体共有の際、教師はある程度の算段をもって学習者の発表を整理しますが、固定した解釈への誘導は推奨できません。

学習者の発話を学びの材にしよう

■教師の解釈の押しつけ

教師が解釈を押しつけることの問題は、権威による解釈の確定にあります。それはたった一つの正解の存在を示唆します。学習者はテクストへの意味づけではなく、正解探しを始めることになります。１９９８年７月の教育課程審議会最終答申及び中間まとめによって顕在化したと言われる文学教育への批判、いわゆる「詳細な読解への偏り」は、それまでの読解指導の偏りを指摘し、文学教育そのものの教育的意義が問われる事態となりました。その際、教師の解釈を一方的に押しつけていくような読みの学習についても見直しが図られました。では、現在の教室では教師の解釈は影を潜め、学習者は教師の権威に先導されることなく解釈を追究しているのでしょうか。

■教師による変換

場面例の教師の発言を取り上げ、全体共有において教師が意識的・無意識的に介入する解釈の変換に注目してみましょう（図22）。

教師はＣ２の発言を採用せず、Ｃ１・Ｃ３の発言の点線部から「気がつく優しい人」という松井さんの人物像をまとめています。学習集団としていくつかの選択肢を練り上げていくわけですが、当然、学習者の発話全てを採用することはできません。よって、板書に反映されない発言があることは問題ではありません。どのように紡がれたのかが問われることになります。

C1　ちょうを逃がしたかわりに夏みかんを置く優しい人だと思います。
（どのような優しさなのか）

C2　シャツをうでまくりしているので、暑がりなんだと思います。
（他の言葉で表せないか）

C3　小さな声を聞いているので、小さなことにも気がつく人なんだと思います。

T　なるほど。松井さんはよく気がつく優しい人だってことですね。

図22　教師による解釈の変換

場面例で教師は何気なく変換を行っています。「小さなことにも」→「よく」です。違和感のない変換のように思えても、重要な言葉を削除しています。「小さな」は終末部の「ちょう」の声にかかわるものです。松井さんの人物像を考える上でもその印象を決める言葉であり、何に気がつける人なのかという発言だったわけです。

「優しい人」についても同様の指摘ができます。「優しい」という大掴みな印象を、どのような優しさが見られるのか、叙述を基に考えていくべきところを易々とまとめてしまっています。さらに、採用されなかった発言の中にある「暑がり」という言葉について、シャツをうでまくりするような人物にぴったりの言葉を検討する余地はないのでしょうか。学習者の身近な人を観察し、生活経験から人物像を探る機会にもなるはずです。

こういった教師の集約によって考える場を失った意味づけは多発します。その原因は、教師の想定の甘さと問題意識の低さです。例えば、松井さんの人物像を考える際、「優しい」といった言葉が出ることは明らかです。そうであれば、教師はより具体的にしようとする姿勢をもっておくべきです。また、「優しい」という言葉一辺倒になることを事前に問題として認識していれば、本時の全体共有では松井さんの人物像として「優しい」を疑い、具体的かつ多様な言葉で言い表そうと促すことができたはずです。

20 多様な考えに翻弄される

こんなことはない？

【問いの答えが拡散している場面】

C　ごんは、兵十にわかってもらえて、うれしかったんだと思います。
C　うたれてしまったんだから、やっぱり痛いにきまっている。
C　仲良くなりたいと思っていた人にうたれるんだから、悲しいと思います。
C　なんで今日は家の中に入っちゃったのかなって、後悔している。
T　たくさんの考えが出て素晴らしいですね。他の人はどうですか？

ここが問題

問いによっては、多様な解釈が乱立する場合があります。問題は、教師が意図的にその状況を生んだか、です。発表会に終始した共有に学びはありません。

考えの背景にある読み方に注目しよう

■多様性の容認と誤読の狭間

全体共有において学習者の考えが拡散し教師が翻弄される事態は、問いにも導入にも何らかの課題がありますが、全体共有ではどのような対応が求められるのでしょうか。第2章13では、他者とのかかわりによってナンデモアリの読みが公共性・妥当性を得ることについて述べました。また第2章19では、教師の解釈の押しつけ、変換について注意点を挙げました。学習者のナンデモアリの読みと教師の解釈の押しつけは真逆に思えますが、実は無批判無関心を呼び、個々の解釈形成を止めるという意味では同じです。

では、全体共有によってナンデモアリを退け、かつ権威を伴う解釈の確定を避けるにはどうすればよいのでしょうか。

■読みに表れるモード

学習者は、時として誤読としか思えないような読みを示します。松本・佐藤（２０１６）は「きつねのおきゃくさま」における学習者の読みを取り上げ、その要因を明らかにしています。扱われた読みは、「いや、まだいるぞ。きつねがいるぞ」の話し手を「おおかみ」

とするものでした。そこでは、次のような指摘がなされています（120頁）。

①「おおかみ」という存在に既有知識としての「おおかみ物語スキーマ」が働いた
②「～なり～する。」という接続助詞「なり」に対する理解の問題
③きつねが自分自身を「きつね」と呼ぶ呼称に対する理解の問題

テクストを読む際、誰の物語として読んでいるのかというモードが全体の解釈に影響を及ぼします。「白いぼうし」を松井さんの物語として読むのか、女の子（ちょう）の物語として読むのか。「やまなし」はカニの親子の物語なのか、幻灯を示すわたしの物語なのか。読みのモードは視点や語りを読む一定の読者の立場です。学習者は多くの場合、自身の読みのモードに無自覚です。読み手自身がモードを認識するには、テクスト全体を俯瞰的に捉え、一貫した意味づけを求めるような意識が必要になります。これは、学習者の考えを束ねる教師にもいえることです。読みのモードが特定の人物や語り手に寄り添うことを生かせば、教師が学習者の読みのモードに着目することで煩雑な状況を整理できます。一見多様だと思える解釈群が、読みのモードで分類・整理できるのです。

■読みの学習における言語学習

また、松本・佐藤の指摘は、叙述を解釈の根拠として扱うだけではなく、言葉の文法的な働きを丁寧に扱う必要性を挙げています。読みの学習では言葉そのものに注目する場面が少ない傾向にあります。これまでも読むことの学習に対しては、言語技術教育としての側面を強化すべきだという提言がなされてきました（宇佐美、2001／渋谷、2008／鶴田、2010など）。読むことと言語事項とを関連づけた学習は枠組みとしてありますが、音読や漢字、語彙にかかわる知識理解にとどまることがほとんどです。

例えば、

- **主格の特定（主語省略、動作主・会話主、など）**
- **時制の認識（動詞の活用、補助動詞の存在、助動詞タ形の意味、など）**

といったものは、本来、人物の会話や行動を確かめる低学年から、語り手に着目し物語の構造を捉えようとする高学年まで扱う必要があります。これは、母語としての蓄積によって感覚的経験的に読めた気になってしまうという問題へのアプローチとしても重要です。体系的な国文法としての学びとは別に、テクストを読み味わいながら言葉の働きに触れていく機会にしたいところです。

21 叙述の確認を怠る

こんなことはない？

【板書で叙述の確認をすべき場面】

C　大造じいさんは、残雪とハヤブサとの闘いを見て仲間を救う残雪に感動してしまったから、銃を下ろして、うつのをやめたのだと思います。

T　なるほど、仲間を救う残雪の姿以外に、うたなかった理由はありますか。

C　大造じいさんが来ても逃げなかったからです。

ここが問題

問いに対して妥当な答えをもつ学習者とそのような答えを期待している教師とのやり取りは、とてもスムーズに考えをまとめることができます。それは「わかったつもり」を生み出しやすい場面ともいえます。

取り上げる叙述はねらっておこう

■叙述を確認すべき場面

読みの学習は学習者の読み（テクスト）を中心とするものです。西田（2023a）は、「テクストとは、印字された文字の連鎖である教材テキストに対して、社会文化歴史的な文脈の中にあるもの、読み手によって対象化されたものを指します。」（8頁）と述べています。学習者の読み（テクスト）は、叙述（テキスト）が読まれることで現れるわけですから、「叙述を基に」という合言葉で惰性的に叙述を確認していても、そこに読み手の意味づけがなければ読むという行為は成り立ちません。よって、場面例のような問いに対する答えを取り上げながら学習者の考えが飛び交うような全体共有は、全く自然な形といえます。ただし、教師が「叙述を確認すべき」と感じる場面はあります。

①あまりに飛躍した考えが示された場面
②明らかな読み間違いや誤認があった場面
③テキスト外の情報（生活体験・読書経験など）が持ち込まれた場面

こういった場面では、教師自身が話題と叙述との間に大きな距離を感じるはずです。

さらに問題は、場面例のように問いの答えとして十分な考えが発表された際の対応です。教師にとっては期待した答えですし、大半の学習者にとってもわかりやすく納得できる答えだと思えるからです。

④他者の解釈の起点となる考えが示された場面

実はこういったときにも叙述の確認はすべきなのです。多くの学習者の解釈形成にかかわる発言だからこそしっかりと叙述を確認し、いくつかの叙述を関連づけながら全体共有するべきだといえます。

■提示すべき叙述は決まっている

問い［お話の初めと終わりで、豆太は変わったのでしょうか。］

・それなのに、どうして豆太だけが、こんなにおくびょうなんだろうか――。
・でも、大すきなじさまの死んじまうほうが、もっとこわかったから、…
・「…一人で夜道を医者様よびに行けるほど、勇気のある子どもだったんだからな。」
・――それでも、豆太は、じさまが元気になると、…

読みの学習において全体で確認できる叙述には限りがありますし、たくさんの叙述の確認は散漫な認識を生み、効果的ではありません。実際には、問いに応じて最優先で共有すべき叙述があります。先に示したのは、「モチモチの木」の問いと共有すべき叙述です。これらは事前に叙述シートにしておき、都度、提示していきます。

この問いでは、変わったか否かという二項対立を設けながら、臆病と評価する語り手、孫としての豆太を想うじさま、豆太自身の気持ち、といった立場による違いに気づくことを意図しています。そのためには、最低でもこれらの叙述の確認が必要なのです。

■叙述の明示化の効果

叙述を明示化することで得られる効果は次のようなものです。

・解釈の気づき（改めて提示されることで気づく）
・ロジックの形成（理由とセットで有効になる）
・解釈の重層化（個々の叙述への意味づけが関連づく）
・解釈相互の関連（他者の解釈との結節点になる）

22 叙述の確認に終始する

こんなことはない？

【学習者の発表に対して一つ一つ丁寧に対応する場面】

C　ごんは兵十に気づいてもらいたかったんだと思います。
T　どこの文からそう考えましたか？
C　ごんは加助と兵十の会話が気になったんだと思います。
T　どこの文からそう考えましたか？

ここが問題

叙述の確認は必要ですが、それだけでは全体共有での教師の役割を果たしたとはいえません。このようなやり取りが日常化すると「叙述を基に」という読み方に誤解が生まれ、読みの学習が形骸化することになります。

学んだことを言い表す用語をもたせよう

■叙述を確認しただけでは学びにならない

叙述の確認は解釈形成を推進する働きをもちますが、学習者の解釈形成を立ち止まらせることにもなります。場面例のように、毎回、形式的に確認していたのでは、全体共有は形骸化した発表会となるでしょう。全体共有においては、読みの学習を成立させる重要な教師の仕事が他にも残っています。

■読みの観点の設定

読みの観点は、「何を読むのか」という観点であり、学習用語ともいえます。観点はどの程度細分化するか、あるいは分類するかによって提示の仕方が変わります。重要なことは学習者にとって、学んできたものであることです。あるテクストを読む際に出会った観点、ある友達の考えを説明する際に使用した観点など、学習集団の足跡です。よって、教師から提示されるだけでなく、学級造語のように創り出す場合もあるでしょう。例えば指導事項（平成29年版）に沿えば次のような読みの観点を示すことができます（図23）。

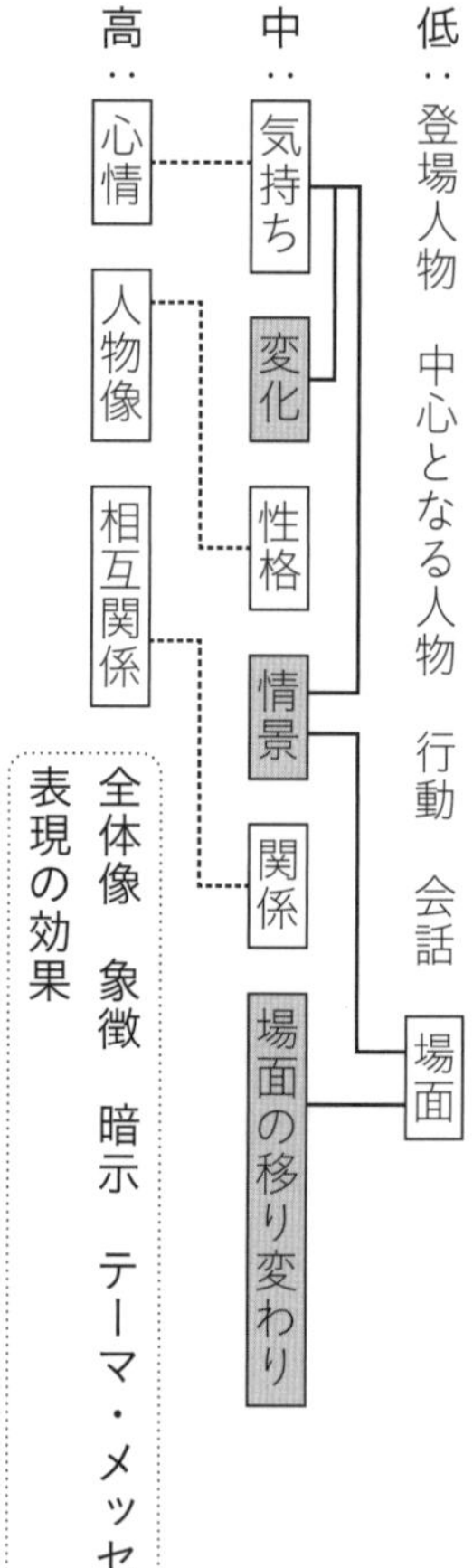

図23　読みの観点の相関

各観点には相関関係があります。仮に中学年の「気持ち」を高学年では「心情」と更新するならば（図内、点線）、それは概念的な理解の更新を伴うものでなければなりません。特に、「変化」や「情景」といった他の観点を複合的に用いるものや、「全体像」「象徴」「テーマ」といった各観点を総括するようなものを扱う場合は、注意が必要です。これらの概念を理解し実感していくためには丁寧な手立てが求められます。名前を教えたからといって、一度扱ったからといって易々と定着する観点ではないということです。

近年では、巻末資料に読みの観点を掲載している教科書もあります。学習材として生かせるように、学習掲示物やタブレットPC内で一覧を共有するような工夫も必要です。

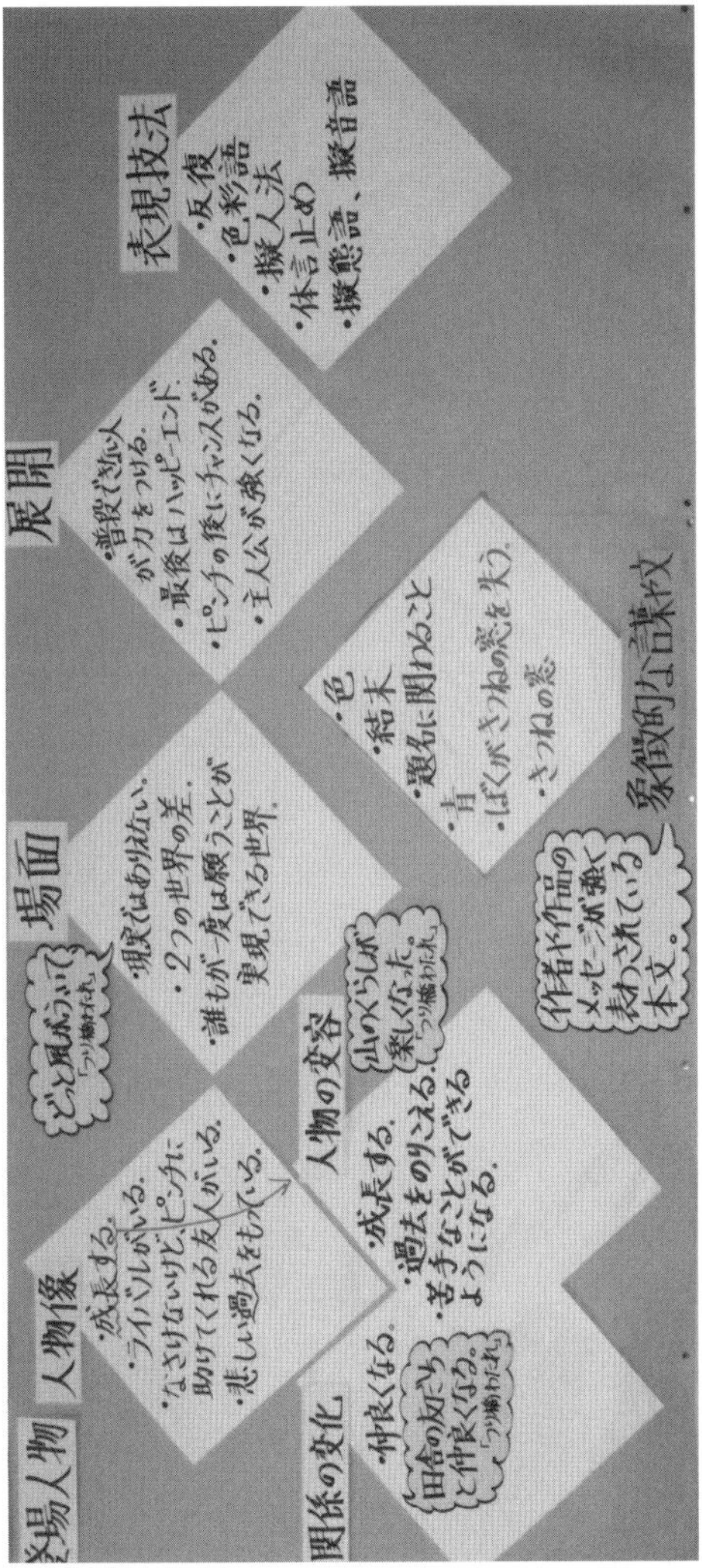

図24　読みの観点によるファンタジー世界の整理

23 落とし所がわからない

こんなことはない？

【学習者の考えを集約しまとめようとする場面】

C　一人前の漁師は、与吉じいさのような漁師だと思います。
T　では、今の考えに付け足しや関連した考えはありますか？
C　はい。太一はお父さんと海に出たかったんだから、お父さんの影響が強いはずなので、村一番の漁師になった太一はお父さん寄りなんだと思います。
C　与吉じいさとお父さんって漁の方法がちがうから比べられないでしょ。

ここが問題

学習者の発言意欲が高いほど簡単に集約できません。教師の意図に反して、関連性が乏しい発話が続くときもありますし、問いから逸れてしまうときもあります。

全体共有は三つの考えを目安に

■三つに整理する

ここまで全体共有において教師が念頭にすべきことを述べてきました。本項では、読みの学習における全体共有の形を提案します。

全体共有が解釈を確定する場面ではなく、整理し、再考を促す機会であることは第1章05で示しています。交流と同じように、学習者がいくつかの選択肢から改めて自己の解釈に気づくような全体共有でなければならないわけです。そこで、全体共有でも競合する話し合い（第2章18）が望まれます。教師は、学習者の発話を紡ぎながらいくつかの考えに集約し、妥当性を高めていきます。

目安となる「いくつか」は「三つ」です。一般的な黒板の面積と板書の文字の大きさ、問いの答えとして想定される妥当な解釈の数、限られた全体共有の時間内で扱える数、学習者が把握し比較関連できる数、といった条件から考えられる目安です。数を決めることで、教師の仕事はより明確になってきます。

「全体共有では三つの考えに整理していく」、この意識があれば、本時の学習デザイン全体を見直すことにもつながり、学習計画を次のような☑で確認することができます。

☑本時で扱う問いは、三つ程度の答えの可能性に開けているか
☑そこで共通する叙述は何か
☑三つの可能性を保持しつつ拡散しないための導入になっているか
☑全体共有で確認したい学習者の発話は想定されているか

なお、賛否や、AかBか、といった二項対立になるような問いであれば黒板を大きく二分割したり、表組にしたりするような整理の仕方があります。また、拡散的な答えになる問いであれば、ウェビングマップのような可視化の方法もあるでしょう。

■**列挙した考えを学習者が関連づける**

考えを三つに集約できないと思える状況への対応を考えてみましょう。例えば、問い**「「ぐったりとうなずきました。」この時、ごんはどのような気持ちだったのでしょう」**を扱った全体共有で図25上段のような考えが出されたとします。

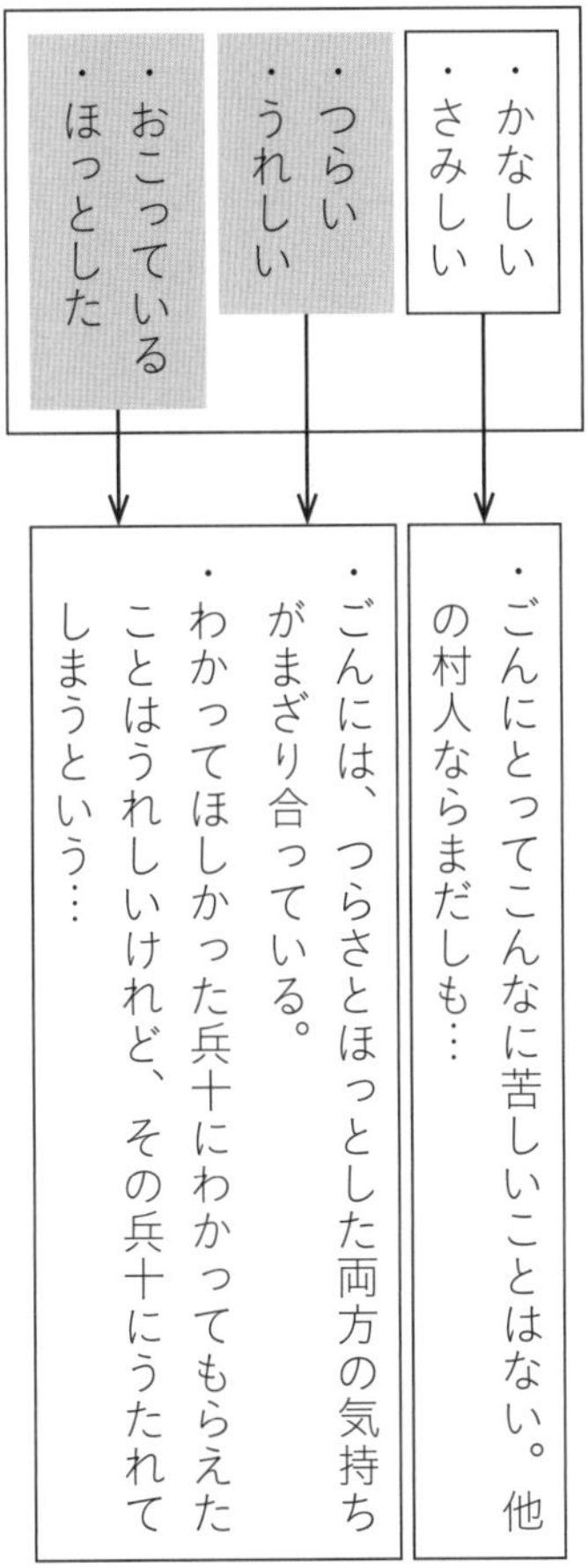

図25　考えの関連づけ

これらの中から自分が最も納得できる考えを選びまとめとするような展開は改善すべきです。この問いが意図しているのは、全く逆の意味づけです。すでにこの時のごんの心情が、一言では言い表せない複雑で裏腹な混沌としたものであることは板書に表れています。そうであるならば、これらを放置せず、関連づけながら再考（図内、下段）を促すような場面が必要です。「かなしい」「さみしい」から「苦しい」のような類似する言葉を集め更新する、「つらい」「うれしい」のような対比的な言葉を合わせて説明し直す、こういったまとめができてこそ再考する意味が生まれます。

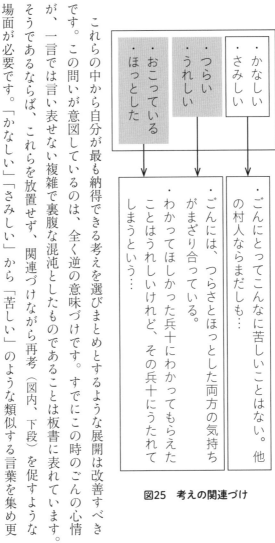

24 特定の子どもの発言に頼る

こんなことはない？

【普段から的を射た発言が多く、読みの学習を得意とする学習者が話す場面】

問いに対する答えとして教師が想定していた内容を、特定の学習者が発言してしまい、これ以上の深まりがないように思われる状況があります。

C 「かわせみ」は自然の厳しさを象徴している。だからこそ、かにの兄弟は「こわい」と感じている。ただ、生き物たちにとって「悪い」とかではなく当たり前のことで、お父さんは自分達には関係ないという反応になっている。

ここが問題

自らの考えを理路整然と述べる学習者の発言は、他の学習者を圧倒します。結果的に、ここで後続する考えを止めてしまうことが問題になります。

一人の考えはみんなで説明しよう

■聞き続ける学習者

特定の学習者が多く・長く話してしまうことのデメリットは、学習方法の偏りです。それは、話し続ける学習者にも、聞き続ける学習者にもいえることです。話し続ける学習者は話すという行為に集中し、聞き続ける学習者は聞くという行為にしか注意がさかれません。学習方法が偏り固定化することで、本来の目的である解釈の追究が忘れ去られてしまうのです。仮に聞いている学習者が、時に聞くことを止め、自分自身との対話を優先したり、ノートにメモ書きを始めたり、再び聞くことに戻ったりするような自立した学習者であれば問題はありません。しかし、暗に「聞かなくてもいい」風潮が広まれば、多様な学び方を許容するどころか、教室は崩壊への第一歩を踏み出してしまいます。

話し手も聞き手も解釈形成に向けて能動的に参加している状況をつくり出したいのです。

■起点となる学習者から説明をつなげる

学級の中で、学習の起点になりやすい学習者はいます。そういった学習者は往々にして発話量が増えてきます。この学習者を他の学習者の学びに生かすためには、教師が起点となる学習者の発話を止め、今まさに話そうとしていた内容について他の学習者が話すように促します。例えば、場面例の発話は次のように展開できます。

C1　「カワセミ」は自然の厳しさを象徴している。

T　はい。C1さん、いったん渡そう。この立場で説明を続けられる人。

C2　はい。カニ兄弟たちの様子からも「二ひきはまるで声も出ず、居すくまってしまいました。」とか、恐ろしさみたいなものがでているし、「カワセミ」が死をイメージさせるものになっているということだと思います。

T　まだC1さんの立場で続けられる人。

C3　はい。C1さんは厳しさっていってるから、こわいとかだけじゃなく、それが「カワセミ」が生きるためには当たり前のことってことも考えてるんじゃないかと思います。

T　C1さん、付け足しがあればどうぞ。

C1　言ってくれた通りです。あとは、お父さんのカニは自分達には関係ないという反応になっているところもある意味で他の命がなくなることも他人事みたいな感じの厳しさかなと思います。

介入のタイミングは、長くなってきたらという曖昧なものではなく、①話の展開が予測できた、②キーワードが示された、ところです。早い段階で止めるほど、他者の活躍が期待できます。もちろんここで教師が説明し直すような悪手は取らず、すぐに他の学習者へ話し手を移します。

学習者の発話に教師が介入していくわけですから、このやり取りの効果が学習集団に実感されることが大切です。この点、他者の考えを他者の立場で説明する経験は自己の解釈形成にも寄与しますので、学び方として価値のあるものになります。

他者の説明の整理も教師の役割です。続いて話す学習者の発話量と内容は教師が把握し調整します。発話が長くなっていれば他の学習者へまたバトンを渡します。起点となった学習者の考えから逸れていれば確認することも必要でしょう。起点となる学習者から説明をつなげていくには、発話内容に対する教師の把握が要になります。それを可能にするのは、全て聞き逃さないという心構えというより、教材研究を基に学習者の解釈を想定しておくことです。

こういった方法は、教師が多くの学習者を全体共有に巻き込む手立てです。学習集団の成長に伴ってここでの教師の役割を学習者が担い、相互に発話をつなぐこともできます。

25 他の役割に気づけない

こんなことはない？

【多くの学習者が発表しようとしている場面】

C　大造じいさんは、おとりがひきょうな方法だったと考えていると思います。
C　でも、おとりがダメなら罠も同じだから何もできなくなるよね。
C　たにしも生き物だから、おとりといえばおとりだよね。
C　仲間をおとりにしたのがひきょうってことだと思います。

ここが問題

いくつもの発言がつながる闊達な話し合いは、一見望ましい状況のようですが、それは一部の学習者が生み出していることもあります。例えば10分間このような状況が続いたならば、多くの学習者は傍観者になっているでしょう。

全体共有で教師の意識が向くところ

■全体共有の実際

学習者の闊達なやり取りによって全体共有が図られ、さらに考えが追究される場面は学び方の一つの極みといえます。ただ、易々とこのような場面が形成されるはずもありません。全体として見事な板書が完成し、発話記録全てを通して読めば見事な解釈群が表現されたとしても、多くの学習者が取り残されているような実践もあります。そのような場合、学習者は他者の話を聞きながら止まっているのです。他者の発言を聞くことは協同的な学習の第一歩ですが、自分の考えを追究しようとしている学習者が、一対一ではない状況で聞くことに集中し続けることがあるでしょうか。メモを取り、気づき、他者と対話し、自己と対話するといった行為を繰り返すのではないでしょうか。学習者が読みの学習に自覚的であれば全体共有でも止まることはないはずです。

では、教師は全体共有で何を意識すればよいのでしょうか。授業の上手い教師の特徴として発話量の少なさがあります。「必要なタイミングで」「言葉を選び」「効果的に示す」役割をしっかりと果たしているわけです。

国語科の学習指導案上に全体共有での詳細な計画が示されることはほとんどありません。例えば、算数科では「学習計画」に問題に対するいくつかの解き方が想定され、それら全てについて数式・図表・言葉の説明が記されるようなものがあります。

読みの学習での全体共有における教師の役割をいくつか挙げてみましょう。

①学習者の発話を基に、叙述や読みの観点を示しながら考えを整理し、価値づけ、板書する。

②学習者相互のかかわりを促すような発言によって、話し合いを運営する。

③特定の叙述や考えに注目させるために音読や動作化といった表現活動を指示する。

④話題となった点について個々の考えをもたせるためにペアでの話し合いを指示する。

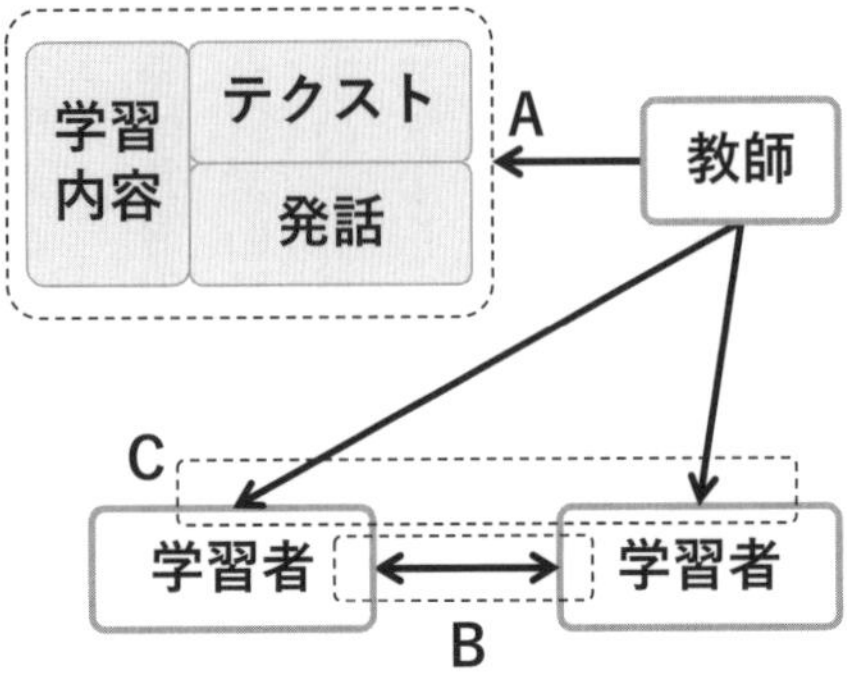

図26　全体共有での教師の意識

このような役割を果たそうとする際、教師の意識は主に三つの対象に向かっています。Aは学習内容（①）、Bは学習者の相互作用（②）、Cは個々の学習者（③④）

です。いずれも学習者に気づきをもたらし次の行動を促すものです。学習者の実態や状況に応じた手立てを用います。

ただ、Bはその時々の学習者の反応に左右されますし、Cについては指導方法として経験的に身に付けていくものです。よって当然ではありますがAに関する見通しをもっておくことが、全体共有の質を高める近道といえます。

■板書計画の重要性

ここで、従来から取り組まれている板書計画の重要性を改めて強調しておきたいと思います。板書は学習者の再考に寄与することが第一です。よって、学習においてどのようなツールなのか、教師も学習者自身も認識しておくことが望まれます。板書する教師に向かって「先生、書くの?」という声を聞きます。板書はノートに写し書くもの、書くところは教師から指示があるという慣習が伝わります。板書と学習者のノートは、同じではありません。ノートはあくまで学習者自身の解釈形成過程の足跡としてあるわけですから、問い、導入での気づき、自分の考え、交流中の気づき、他者の考え、自分の考えに対する他者の意見、全体共有での気づき、など多様な情報が入り混じっているはずです。

板書は、煩雑な情報の記録ではなく、監修された情報の提示でなくてはなりません。

26 オープンエンドに不安がつのる

こんなことはない？

【教師による何らかのまとめを必要とする場面】

問い「「いつまでも、いつまでも、見守っていました。」という大造じいさんをあなたはどう思いますか？」

Cのまとめ　私は、猟師としての厳しさが足りないと思います。大造じいさんが残雪をライバルだと認めても、残雪にとって大造じいさんは「第二の敵」で自分と仲間の命をうばう者です。大造じいさんと残雪が同じ立場には……

ここが問題

読者の立場での個人的な判断を求める問いがあります。考えを収束させない授業展開に対して、大きな不安を感じる教師は少なくありません。

問いの答えは学習のまとめではない

■なんとなく共通のまとめが欲しい

学習内容・活動によって、終末の形は異なります。読みの学習の終末は、全体共有を経て学習者が再考し、何らかのまとめをすることです。そこでのまとめには読者の主体性が発揮されることを期待するため、全体共有で取り上げた考えが反映されるとは限りません。学習のまとめが個々の学習者に委ねられ、異なる状態で迎える終末を、オープンエンドと呼ぶことがあります。表現活動を中核とする教科であれば違和感のない終末です。つまり、読みの学習は常にオープンエンドのような印象を抱かれているわけです。

もちろん、実際には問いによって答えの選択肢や答え方は異なります。ただ「指導と評価の一体化」を背景に、毎時「なんとなく共通のまとめが欲しい」という教師の心情があるのも確かです。確かに、他教科で共有した学習内容をまとめとして表出させることは、それほど難しくありません。では、読みの学習で「なんとなく共通のまとめが欲しい」教師は、学習者のまとめのどこに共有した学びを見出せばよいのでしょうか。

全体共有の後、学習者の再考にはいくつかの側面があります（図27）。「意味づけ」は読者の立場が最も強く働きます。「読み方」もそれに付随するものですが、読みの観点やモードなど読みの学習での成果が色濃く表れます。「ロジック」は叙述を基にした自己の読みを説明するものですが、継続的な学習の成果ともいえます。場面例のCのまとめでいえば、大造じいさんの行為に否定的な見解や大造じいさんと残雪との関係の見立て（意味づけ）が、人物の設定・人物の相互関係（読み方）に着目して読まれ、問いが提示する文より前の場面の叙述を用いながら全体を包括する説明（ロジック）になっています。場面例の問いは、まさにオープンエンドが想定される問いです。このような問いでは、表出した個々の意味づけではなく、全体共有で提示された読み方や妥当性を高めるためのロジックの活用に共有した学びを見出していきます。いずれにしても教師は、全体共有で叙述の明示化（第2章21）や読みの観点の提示（第2章22）、学習集団の考えを三つに整理（第2章23）するといった手立てを用いて、問いに応じてまとめに表れる共有した学びを捉えるのです。

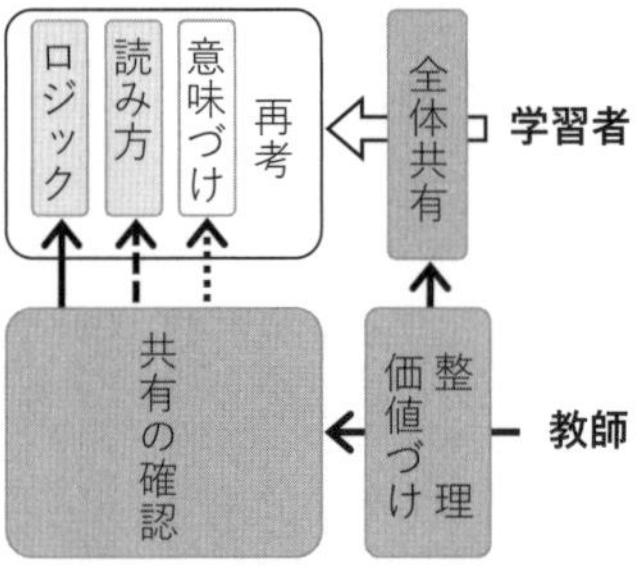

図27　共有した学びの見取り

■オープンエンドの形

一口にオープンエンドといっても、実は目的によって様々な状況があります。

○話題を共有しつつ個々の表現を模索することが目的

（例）音読の仕方を工夫し読み取ったことを自分なりに表現する。叙述がどのような意味をもつのか、音読部分に関するいくつかの妥当な解釈は共通理解できる。教師は音読そのものよりも、何を表現しようとしているのかという説明を見取る。

○拡散的な話題によって多様な考えに触れることが目的

（例）人物像を捉える。叙述とそこから読み取れる部分的な人物像を積み重ねることで、物語の人物が備える多様な側面を把握することができる。教師は学習者がまとめる人物像よりも、叙述を基に人物像の多様な側面が把握されているのかを見取る。

○話題に対して一定の条件に沿って考えることが目的

（例）人物やテーマなどに対して学習者が批評する。ここでの批評は読者として個々の判断に委ねられるが、その説明は文脈を取り上げたものでなければならない。場面例でいえば、仲間を救い、第二の敵に対して頭領としての威厳を見せつけた残雪、あるいはそれに胸を打たれた大造じいさんに対する言及を見取る。

27 書いてまとめさせることに固執する

こんなことはない？

【全体共有の後の個々に再考する場面】

T　では、問いの答えを改めて考え、今日の学習をノートにまとめましょう。
C　考えが変わってなくてもいいですか？
C　黒板にある考えは全部書いた方がいいですか？
T　自分の考えを説明するために友達の考えを生かせるといいですね。

ここが問題

再考する機会は必須です。しかし再考は必ず書きながら行うものなのでしょうか。何をどのように表出させるかを考慮せず、再考することよりも書いておくことを目的にしてはなりません。

まとめの内容と方法は学習者のもの

■ノート指導の意義

ノートは、学習者によって積極的に活用されることで有用な学習ツールになります。ノートを個々の学びの表現の場として活用するような実践は、これまでも精力的に行われてきました。絵や図表、吹き出し、思考ツールなど、まとめ方を学習者が選択しながら作成していきます。

松本（2015）は言語活動を次のように定義しています（3頁）。

> 探究的な課題のもとに、活用を図ることにより、言語的思考にかかわる知識・技能および教科にかかわる知識・技能を確かなものとする、言語による表現を伴う相互作用的な活動。

ノートづくりが学習者にとって自らの学びを推進するものであるならば、最も身近なツールを用いた日常的な言語活動となるわけです。裏を返せば、板書を写す、言われたことを書くといったノートのまとめは、単なる儀式になっているということです。

現在、まとめ方の手段として、ノートとタブレットPCを学習者が選ぶような場合もありますが、果たして何人の学習者が「好み」や「らく」以外の基準で選んでいるのでしょうか。かつてノート指導がそうであったように、何をどのようにまとめたいのか、選んだまとめ方にはどんな効果があるのか、学習者の理解が必要なのです。

■音声化によるまとめ

全体共有が問いに対する再考の機会であることが理解されているならば、ノートに書くという手段に固執する必要はありません。これは第2章25で示した教師の意識C「個々の学習者」へ向かうものです。

低学年では音読発表会や音読劇といった、読みを動作化することで単元のまとめとする展開があります。こういった単元では毎時の学習の中で表現活動を進めていきます。本来、この表現活動がまとめを兼ねるはずです。注意したい点は、例えば過度な音読台本の作成です。教師の意識が、読みをまとめることから考えを書いて残すことに移ってしまうと、台本作成が目的になっていきます。交流や音読による音声化によって読みを深めようとしているわけですから、書いて残すことに執着する必要はありません。

音読でのまとめの利点は、コミュニカティブな表現活動であること、印象を評価し合えることです。音読はペアであれ、グループであれ、他者へ向けて表現する機会です。解釈が反映された音読は、実際には印象の問題になります。聞き手の印象次第というわけです。印象を解釈と結びつけて評価すること自体は、非常に難しく曖昧なものになりますが、聞き手にとって音声テクストと文字テクストを結びつける貴重な機会となります。こういった経験の積み重ねも個々の読みにつながっていきます。

考えたことをペアで発表し合ってまとめとする方法も有効です。ノートに書くのではなく、話すということです。起立し、隣同士で最終的な考えを述べ合ったら着席します。短時間で効果を得ることができます。

さらに、個々につぶやき、これをまとめとする方法もあります。つぶやきによるまとめの利点は、書くことと同様に自己内対話を促しつつも、書き方への負担がないことです。立ち止まり、言い直し、自分の考えと向き合う機会となります。西田（２０２３b）は、このような個々のつぶやきを「一人語り」と呼び、読みの学習デザインとして提案しています。学習者は全体共有の後、さらに問いに対する「一人語り」によって読みを再考します。それは、交流と「一人語り」の併用によって、自己とテクストと他者との間での解釈形成過程を実現するものでした。

第3章

話し合いで「読み」を深める授業モデル

おおきなかぶ（光村図書版）

■単元の概要

「おおきなかぶ」は、絵本を通してすでに内容を知っている学習者が多い教材です。さらに、お話を読んで興味をもったことから劇や工作といった活動につなげている幼稚園・保育園も少なくありません。このような学習者の経験は大いに生かすべきです。しかし、ともすれば同じような活動を再現してしまうので、本単元は読んだこととの表現手段として学習者が音読劇か紙芝居を選び、言語活動を行っていきます。もちろん、はじめて「おおきなかぶ」を読み、就学前に音読劇や紙芝居に触れた経験のない学習者もいます。本単元以前の学習において、あるいは常時活動としての読み聞かせ等の機会を使って、絵本にも活動にも慣れ親しむ準備をしておきます。

■教材の特性

「おおきなかぶ」にある翻訳版（内田莉莎子訳・西郷竹彦訳）の差異については佐藤（20

23）が読みの学習を念頭にした詳細な分析を行っています。二つの訳による本文の差異そのものが、様々な読みを生み出すきっかけとなることは間違いありません。特に、かぶを引っ張る際の描写は、おじいさんにフォーカスするのか、加わってくる人物にフォーカスするのかという物語全体のテーマにかかわる差異があります。

重要なことは、このような差異を扱うか否かということよりも、差異のある部分が物語の印象や解釈を左右する部分であることを教師が掴んでいることです。それは学習者が交流の中で着目し、読みを更新するきっかけになる部分だからです。

本教材は、人物の行動と場面の構造に大きな特徴があります。ここに音読劇や紙芝居との親和性があるわけですが、音読劇と紙芝居とでは表現できる部分が異なっています。何が表現できるのかという課題意識が読むことを後押ししてくれます。かぶを抜こうとする仕草が順に説明されるような描写や、人物が増えたことによる「うんとこしょ、どっこいしょ」の掛け声の変化は劇化によって表れます。場面の切り替えに伴って増える人物や、かぶに連なる人物の結束は場面の全体像を把握できる紙芝居に表れます。また、おじいさんの視点で描く、ねずみの視点で描くといった自由な構図は紙芝居でしか表現できません。

単元計画

次	時	●主な学習活動	・留意点
一	1	●単元の課題を確認する。 **物語を表現しよう。音読劇か、紙芝居か、どっちにする？**	・初発の感想を交流しながら物語全体を把握させる。
	2	●音読劇と紙芝居の特徴を捉える。	・幼稚園や保育園での経験を想起させながら課題意識をもたせる。
二	3	●人物と場面を整理する。 **問い［かぶを抜きにきたのは、誰か］** ●各グループでの活動	・場面と人物の行動を関連づけながら、結末までの展開を掴ませることを優先する。
	4	●会話文から場面を読み取る。 **問い［「うんとこしょ、どっこいしょ」はどのように読むか］** ●各グループでの活動	・繰り返される表現を取り上げ、発話する人数や人物の心情を考えさせる。
	5	●中心となる人物を捉える。 **問い［種をまいてからかぶが抜けるまで、おじいさんはどんな気持ちだったのか］** ●各グループでの活動	・表現するために工夫が求められることとして、気持ちを扱っていく。 ・全体での変化に注目させる。
	6	●人物の役割を捉える。 **問い［かぶは誰の力で抜けたのか］** ●各グループでの活動	・「おじいさん」「ねずみ」「みんな」といった考えをそれぞれ扱いながら物語の印象を考えさせる。
三	7 8 9	●第二次での学習を基に、各グループで物語の表現の仕方を工夫する。 ●音読劇グループと紙芝居グループがペアになり、発表し合う。	・グループ数が均等でない場合は、1対2など柔軟に組む。

「おおきなかぶ」を表現する手段として音読劇か紙芝居を選ぶためには、それぞれの特性を学習者が捉えていく必要があります。そのために第2時では、これまでの経験を取り上げながら活動の様子を明らかにしていきます。音読劇は実際どのようなものなのか、人数は、場所は、小道具は。紙芝居は何枚なのか、大きさは。一人で読むのか。第一次での具体的な活動の設定が円滑な学習を生み出します。

第二次では、読み取ったことを基に言語活動を進めていきます。音読の練習や紙芝居の作成といった時間も必要になってきますが、それは主に第三次での活動になります。ここでは、表現の仕方を考えることでさらに読みを追究するねらいがあります。例えば、第3時では登場人物の確認を行います。紙芝居であれば人物の増加や場面分けが、使用する枚数にかかわります。あえて全体の枚数を少なく設定しておけば学習者は場面を選ぶ必要に迫られるわけです。第6時での読みは、「うんとこしょ、どっこいしょ。」の読み方や配役の検討につながります。

第二次での学習活動の中心は、問いに対する個々の考えの形成と交流になります。第一学年では自分の考えに固執する学習者も多くいますが、話し合いそのもので交流を評価せず、それぞれの反応を大事にしていきたいところです（第2章14）。

導入（第4時）　叙述から課題意識をもたせる

「うんとこしょ、どっこいしょ。」は、六回唱えられます。本時の問いは、加わる人物に連動して読み方に工夫が求められるという課題意識をもたせるところから始まります。

T　では、この文を音読します。（音読）どんな風に音読しましたか？

C　おじいさん、おばあさん、まごとか、たくさんの人が引っ張っているので、大きな声で読みました。

T　たくさんの人が引っ張っている時の言葉なんですか？

C　おじいさんが一人の時も「うんとこしょ、どっこいしょ。」だよ。

C　どの場面の時か決めないとわからないよね。

・「うんとこしょ、どっこいしょ」の叙述シートを黒板に提示し、読み方を問う。
・数人を指名し音読を聞きながら、工夫の説明を取り上げていく。
・全体で何回あるのか、本文を確認していく。

T　どうして場面によって読み方が変わるんですか？

C　かぶを引っ張る人数が増えるんだから、声も大きくなるってことだと思います。

T　では、それぞれ誰が引っ張っているか確認しましょう。

C　最初は、おじいさんだけです。

（中略）

T　では、６回の「うんとこしょ、どっこいっしょ。」はだんだん声を大きくして読むだけでいいですか？

C　私たちも読む人数を増やすとか。

C　おじいさんの声とねずみの声の大きさは一緒じゃないと思うけど。

C　じゃあ、おじいさんだってみんながどんどん集まってきたら、気合が入って声も変わると思うけど。

T　「６回の「うんとこしょ、どっこいしょ。」のちがいをどうやって音読していくのか」という課題が出ましたね。

・黒板全体に６枚の叙述シートを配置し、変化を捉えられるようにする。
・叙述シートを基準に、人物を書き添えて、場面と人物を整理していく。
・人数と声のボリュームとの関連にとどまらず、誰が加わるのか、継続して引っ張っている人の心情はどうか、といったように考える切り口を増やし追究課題をもたせる。
・上手く表現することよりも、何を表現しようとするのかを考えさせる。

話し合い（第6時）　交流での自分の読み方を探す

交流中、話し合って、本文を読んで、考えてという多様な読み方が自然に体現されるのは一年生です。このような交流を通した読み方を積み重ねていきたいところです。

C　おじいさんがずっと引っ張ってたんだから、おじいさんの力で抜けたと思います。

C　おじいさんの力で抜けなかったから、ねずみまで、たくさんの人が呼ばれてきたんでしょ。

C　じゃあ、ねずみの力で抜けたってこと？　ねずみだよ。いくらなんでも弱すぎるでしょ。

C　いや、みんなの力ってことでしょ。○さんはどう思う？

C　んー、考え中。

・交流の冒頭、それぞれが考えをもち、他者とかかわろうとする姿は、問いや導入の成功といえる。「考え中」という意思表示から見られる後半の個々の自由な活動は、むしろ交流のよさが表れている。

C　まあ、おじいさんか、ねずみか、みんなかってことね。
C　私、ノートに書く。
C　じゃあ、ちょっと自分で考える時間ね。スタート。
（1分）
C　なんかさ、ねずみの力で抜けたって、やっぱりおかしいよね。おじいさんが抜けないのに、ねずみだけじゃ、絶対抜けないでしょ。□さんどう思う？
C　私、今、聞く係。
C　ねずみがいないと抜けないんだから、みんなってことか。
C　おじいさんは6回引っ張ったんだよ。1回目から使った力を考えてみてよ。すごいでしょ。
C　まごが入った時は「やっぱり、かぶはぬけません。」だから、三人じゃ全然無理ってことでしょ。「やっぱり」だよ。

・話し合いを組織化し、継続させようとする意識は、学年が上がるほどに強くなる。一年生の自由奔放な活動こそ、高学年の学習者に取り組ませたいものとなる。
・交流中の多様な読み方を容認するためには、互いの活動を強要しない学習者の信頼関係が必要になる。これは、他者へかかわろうとする姿勢を否定するものではなく、他者との学びを充実させるものとして実感させたい。

全体共有（第5時）　読み取ったことを音読で整理する

本時の問いを通して読み取った「おじいさん」の心情の変遷を一年生がまとめるのは簡単ではありません。音読で表現しようと再考することを重視したまとめとします。

C　おじいさんは、種を蒔く時は「あまい　あまい」「おおきな　おおきな」かぶになってほしいと思っていて、ちゃんとそうなったから喜んでいるはずです。

C　でも、抜けなかったからがっかりなんだと思います。

C　どうしても抜きたいからみんなを呼んできて、「とうとう、かぶはぬけました。」になる。

T　抜けた場面でおじいさんはどんな気持ちなんでしょう。

C　それは、うれしいにきまってる。

・低学年で物語全体を捉えるような問いを扱う場合、部分的な読みを合わせていく共有になる。
・おじいさんの心情については、結末部分に多様な考えが得られるため、ここに焦点化して考えを求めていく。

C　みんな助けてくれて、「ありがとう」だと思います。

C　一人で抜けないおおきなかぶになっちゃったんだから、この後どうしようと思うでしょ。

C　私だったら、疲れたあ、もう動けないと思います。

T　なるほど、最後のおじいさんの気持ちは、いろいろな気持ちが考えられそうですね。では、種を蒔いてから抜けるまでのおじいさんの気持ちを隣の人に説明し合いましょう。起立。どうぞ。

（中略）

T　おじいさんがどんな気持ちだったか、それぞれに考えがもてたと思います。では、これが先生に伝わるように音読をして、この時間の学習のまとめにしましょう。お手本に最後の一文だけ読んでくれる人はいますか？

C　はい。じゃあ、うれしい感じで読みます。……

・全体として多くの情報が得られたところで、ペアで説明し合う。一度、発話しておくことで整理が促され、短時間で確認ができる。この手立ては様々な教科、領域で有効に働く。

・この場面では個々に全文の音読を求め、相手意識は教師にしている。場合によっては、ペアやグループで読み合ってもよい。

2年
お手紙

■単元の概要

「お手紙」は人物の言動や関係が捉えやすく、それに伴った心情の変化を読み取ることができます。交流を促す問いによって学習者の相互作用が期待される教材といえます。ここでは「考えを友達と交流しよう」というシンプルな言語活動を提案したいと思います。読んで友達と交流し、また読む。シンプルであるからこそ、問いが学習活動全体を推進する役割を一手に担うことになります。

読書活動につなげるような単元展開が有効であることは、これまでの多くの実践が示しています。ただし、「お手紙」について、『ふたりはともだち』や他のシリーズの一遍という位置づけを絶対視するような扱い方は、むしろメディアの多様性を否定するものといえます。「お手紙」そのものを一つのテクストとしても、シリーズ内の一遍としても、読みは成立します。どのように位置づけて読みの学習に生かすのかは教師の学習デザインにかかっているといえます。

■教材の特性

がまくんとかえるくんにとって、「ふたりは、とてもしあわせな気もちで、そこにすわっていました。」に至る過程と理由は異なります。手紙が届くという現実と自身を「親友」と認めてくれる手紙の内容への期待感・安心感をもつがまくん、自分の行いによって友達が癒されていく充実感・満足感をもつかえるくん。特にがまくんの心情の変化は注視して読む必要があります。手紙をもらったことがないという事実は何を表しているのか、ということです。「今、一日のうちのかなしい時なんだ。」という言葉は、手紙をもらってみたいということ以上に、手紙を出してくれるような相手の不在をがまくん自身が意識しているという大きな背景を押し出します。そう考えれば、かえるくんの行為は、手紙を送ったという以上の意味をもっており、手紙の内容も重要だったわけです。

このように「お手紙」では、冒頭から結末まで、出来事が意味することに二人の差異があります。手紙を媒体とした二人のかかわりを読むことはもちろんですが、出来事を受け止める二人の立場や背景をおさえ、二人の心情を捉えていくことも大切です。

単元計画

次	時	●主な学習活動	・留意点
一	1	●単元の課題を掴む。 **「お手紙」を読んで友達と考えを交流しよう。** ●ミニマル・ストーリーを交流して読みの違いを感じる。	・交流では、ミニマル・ストーリーを基に、特に注目したことを発見するように促す。
	2	●挿絵を手がかりに、物語の大体を捉える。	・挿絵の並べ替えから考えさせる。
二	3	●人物の行動をまとめる。 **問い［お話の中で、がまくんがしたことは何か］**	・個々の行動を整理しながら、その変化を捉えさせる。
	4	●人物の行動をまとめる。 **問い［かえるくんがしたことのうち、一番大事なことは何だったのか］**	・前時の読み取りを基に、かえるくんの行動を関連づけていく。
	5	●人物の心情を考える。 **問い［がまくんは、お手紙のどんな言葉を聞いて、「とてもいいお手紙だ」と思ったのか］**	・お手紙の言葉の中から、限定して考えられるように促す。
	6	●人物の心情を考える。 **問い［がまくんが一番悲しいのはいつか。また、一番幸せなのはいつか］**	・物語全体からできるだけ細部を特定していくように促す。
	7	●人物の行動に対する自分の考えをまとめる。 **問い［かえるくんは、お手紙に書いたことをがまくんに伝えました。あなたはどう思うか］**	・個々の立場での答えをもつ前段階として、問いにかかわる場面の読み取りを行う。
三	8	●これまでの読みをまとめる。 「お手紙」をミニマル・ストーリーで交流しよう。	・第1時のものと比較しながら、交流を進める。

交流を主軸とした単元だからこそ自身の読みの変容を実感することは大切です。本単元ではミニマル・ストーリーを活用しています（第2章07）。第一次と第三次との比較をミニマル・ストーリーで行うことによって、説明の詳しさ等に負担をかけず、着目する人物の言動や心情、文脈の更新に気づく機会をつくっています。

第3時・第4時は連動しています。第3時でのがまくんの行動の確認から、一貫して受動的ながまくんの様子が明らかになっていきます。一方、第4時の能動的なかえるくんの様子は対比的なものとして捉えることができます。行動の確認は、「お昼ねする」「手紙を書く」といった大掴みなものではなく、「○○と尋ねる」「△△と答える」「断る」という会話でのやり取りも含め細部まで言動を探っていきます。また、冒頭の「こしを下ろして」と結末の「そこにすわって」等、二人の共通する行動についても着目させていきます。

第5時・第6時は心情の理由を問う形になっています。あえて心情を固定しておくことで、そこに至る経緯や要因に焦点化できるわけです。学習者には、叙述の細部への注目を促し、ここっという声とともに、言葉を特定するような姿を期待します。

第7時の問いでは、手紙の内容を明かすことになったやり取りのみならず、二人が四日待つ様子や、受け取ったがまくんの反応を踏まえながら考えていきます。

導入（第4時）　叙述を示して問いへの理解を深める

かえるくんの行動は「お手紙を書く」という一点に印象が集まりますが、様々な叙述を基に細分化して考えることで、一つ一つの行動の意味づけが変わってきます。

T　物語の中でかえるくんがしたことは何でしょう？
C　がまくんに手紙を書いた。
C　かたつむりくんに手紙を渡したことです。
C　がまくんの家にいきました。
T　それはいつのことですか？
C　最初の場面とお手紙を書いた後の場面。
C　がまくんと手紙を待ってる。
T　どうやって待っていますか？

・問いにつながる叙述を引き出すための補助発問から始める。
・学習者の発話に応じて叙述を板書していく。黒板全体に及ぶことを想定し、叙述の配置を工夫する。

C　座ってる。

C　いや、かえるくんが手紙を書く前は「こしを下ろしていました。」で、書いた後は「すわっていました。」だね。

T　本文をよく読んでいますね。もうないですか？　前回のがまくんの行動のように細かく読んでいくと大事な行動がはっきりしそうですね。

C　がまくんを見て、手紙を書こうと思って家に帰っている。

C　手紙を出したことも、手紙の内容も伝えてしまった。

C　かたつむりくんが来ないなって、窓の外を見てるよね。

C　手紙が来る来ないって、かえるくんと言い合いになっています。

T　物語の中でのかえるくんの行動が見えてきました。では［かえるくんがしたことのうち、一番大事なことは何だったのか］、考えをノートに書きましょう。

・学習者が曖昧に捉えがちな言葉の差異については丁寧に指摘し、本文での確認を促していく。

・ここでは、前時のがまくんの行動についての読み取りを生かして、細分化した行動の想起を求めている。

・叙述を目の前で認識することで、かえるくんの行動がより具体的にイメージできる。そこから本時の問いを提示することで、学習者の問いへの理解を高めることができる。

話し合い（第5時）　話し合って選択肢をつくる

本時の問いでは、かえるくんの手紙から三つの言葉が候補に挙がるでしょう。この三つを念頭に、説明の共通点や相違点から選択肢をつくっていくことが考えられます。

C　「親愛なる」が、うれしいんでしょ。親愛って、使ったことある？　そもそもどんな意味かピンとこないよね。

C　じゃあ、「ぼくの親友」の方がわかりやすくて、がまくんには伝わったんじゃないの。

C　いや、いつも使わない言葉だからこそうれしいんだよ。「親」と「愛」でなんとなく意味はわかるし。

C　がまくんが自分の親友だってことを、かえるくんが「うれしく思っています」ってことが大事なんじゃない。

・話し合いボードや手紙の言葉を印字したワークシートを用意し、言葉にサイドラインを引きながら考えさせる。
・一度も手紙をもらったことがないという状況にも着目させたい。

C　一応、三つ候補が出たね。何を選ぶかは、がまくんのわかりやすさで考える？　言葉のめずらしさっていうか強さみたいなので考える？

C　じゃあ、「うれしく思っています」は、かえるくんの気持ちが一番伝わってきてわかりやすいよね。○さんはどう思う？

C　んー、手紙でしか書けないことじゃないと手紙をもらう意味がないと思うんだよね。だから、話している時とはちがう、ちゃんとした漢字の言葉遣い全部がうれしいんじゃない。

C　全部はなしでしょ。

C　あー、じゃあその考えでいくと、「親愛なる」が一番っていうことじゃない。絶対普段は使わない言葉だし。

・導入において、手紙が対話とは異なる部分を取り上げておくことで、手紙という形式を意識した考えをもたせる。また、学習者の経験を想起させ、手紙を書くときの工夫や配慮を二年生なりにイメージさせておく。

・学習者自身が、いくつかの候補を出して考えていくという方法に慣れておくと、スムーズな話し合いができる。

全体共有（第7時）　着眼点を三つにまとめていく

本時は、かえるくんの行動を個々に価値づけるような問いです。かといって再考の機会は必要です。その際、考えを集約するのではなく、着眼点を整理していきます。

C　内容を伝えないとがまくんが納得できない感じだったから、しかたがなかったんだと思います。

C　せっかくだからワクワクしながら読みたいはず。

C　私は、うれしい手紙が来ることを知ってるから、4日も待てたんだと思うので、伝えてよかったんだと思います。

C　賛成です。もし内容を伝えていないと、がまくんは、自分が手紙をもらったことがないから、しかたがなくかえるくんが出したのかも、とか思いそうです。

・［あなたはどう思うか。］という問いかけであっても、叙述を基に読み取ることが重要になる。個々の経験や一般論を交えながらも、がまくんとかえるくんの状況を念頭にした考えを求める。

C　お手紙を出したことも書いた内容も教えちゃったら手紙の意味がないと思います。

C　私だったら、書いてある内容を知っていてもうれしいし、書いてくれた本人から聞くのも楽しいと思います。

C　付け足しで、かえるくんのお手紙は友達とのよい内容なので、伝えても楽しいことになるんだと思います。やっぱり、言いにくいことを書いたときは言えないでしょ。

（中略）

T　では、ここまで出た考えを整理すると、このような三つになりますね。

○書いてあることを想像する楽しみをあげてもよかった。
○内容を教えたからこそ、待つ時間も幸せな時間になった。
○がまくんを喜ばせるための手紙だから隠す必要はない。

・三つにまとめる場合は、多くの情報を共通点・相違点で分類する場合と、少ない情報を細分化して選択肢をつくっていく場合がある。全体共有は、単に学習者の発言を集めるだけでなく、練り上げる場でもある。

・人物への評価を求める際、賛成・反対という安易な二項対立になることが多い。教師が三つにまとめようとすることで、これを避けることもできる。

3年

モチモチの木

■単元の概要

本単元は、学習の始まりから「モチモチの木」の中心的な問いを提示した学習展開をもちます。学習者の注目をそのまま学習課題とすることで、読むこと以外の活動を持ち込まない形を保っています。注意点としては、第一次の段階で設定した問い「豆太は変わったのか」をある意味保留したまま学習が進むわけですから、学習者としてはもどかしい部分になります。そこで、毎時の問いと単元の問いとのかかわりを明らかにし、単元の問いに対して再考する時間を設定します。このような単元は、様々な学年・教材で展開できます。

■「モチモチの木」の教材観

「モチモチの木」は、豆太に対する語り手の強烈な印象操作があります。それは、「全く、豆太ほどおくびょうなやつはいない。」という冒頭の酷評から始まります。周囲が真っ暗な環境で家の外へせっちんに行く五つの子に対する臆病という偏った評価は、それ自体が物語の舞台を整えています。「夜」「一人で」「おくびょうな」豆太という人物造形があるからこそ、モチモチの木に灯がつく光景を目にするという通過儀礼を経た豆太の成長譚が成立するわけです。これほど大きな存在感を放つ語り手は他の教材にない特徴といえます。本教材は語り手という存在を捉え、語り手の立場での読みを経験する貴重な機会となります。

豆太の変容を議論する際、結末での豆太の行動が取り上げられます。結局、またじさまを起こす豆太がいるからです。じさまを夜中に起こしせっちんにいくという行為は、豆太にとってどのような意味があるのでしょうか。豆太が一人でせっちんに行けないことと行かないこと、じさまと行きたいことはそれぞれ異なります。また、怖がり、勇気がある、優しい、じさまが好き、これらは決して対立するものではなく、同位するものです。だからこそ、問い［豆太は変わったのか］の答えは複雑なものになるのです。

教科書「モチモチの木」と絵本『モチモチの木』との差異を整理し、読みの学習に生かそうとする教材分析に上月（2023）があります。上月は、片仮名から平仮名への変更、挿絵の削減といった部分を取り上げ、絵本版を活用した有効な問いを提案しました。絵本版での描かれ方を示すことは、学習者をゆさぶり、読みの更新につなげることができます。

単元計画

次	時	●主な学習活動	・留意点
一	1	●初発の感想を交流し、豆太の人物像をイメージする	・範読を聞き、豆太についての直感的な印象を取り上げていく。
	2	●単元の課題を捉える **［豆太は変わったのか！］とうろん会をしよう。**	・討論会に向けて、自分の考えを説明していくイメージをもたせる。
二	3	●物語の設定を読む。 **問い［豆太はどんな人物なのか、一番わかる言葉はどれか］** ●豆太は変わったのか考える。	・様々な叙述を挙げながら、そこから浮かび上がってくる豆太の人物像を集約していく。
	4	●語り手・じさまにとっての豆太を読む。 **問い［「じさま」は豆太をどう思っているのか］** ●豆太は変わったのか考える。	・前時に読み取った豆太の人物像を基にしながら、「じさま」の豆太に対する評価を選り分けていく。
	5	●医者様を呼びに行く豆太を読む。 **問い［医者様を呼びに行く豆太の挿絵は、どちらがぴったりか］** ●豆太は変わったのか考える。	・この場面の豆太として絵本版に描かれた二つの豆太の挿絵を提示し、自分が考える豆太像から挿絵の検討を促していく。
	6	●結末に着目し、物語全体での豆太の変化をまとめる。 **問い［結末の「じさまぁ」は、どう考えればよいのか］** ●豆太は変わったのか考える。	・最初の「じさまぁ」と最後の「じさまぁ」を比べ、問いへの理解を深めるような導入を行う。
三	7	●［豆太は変わったのか！］討論会を開く。	・読み取ってきた多様な豆太像を土台として、成長とは何かといった深まりをもたせたい。

第1時、学習者は豆太に対して「おくびょう」「本当は勇気がある」「優しい」など様々な印象をもつでしょう。これらは何らかの叙述に影響されたものです。昼と夜の豆太の様子、霜月二十日のばんの豆太の行動だけでなく、「語り手」や「じさま」からの評価もかかわっています。こういった影響を明示化することで立場を区別した豆太への読みを整理することができます。

第二次では、毎時、単元全体で追究する「豆太は変わったのか」について再考する時間を設けます。ワークシート等に書き溜めていくような方法で積み重ねていきます。短時間で個々に取り組む形になりますが、本時の読みがどう関係するのかという点に着目させることで円滑な活動になるでしょう。例えば第4時であれば、「「じさま」の「勇気のある子どもだった」からいえば、変わったっていうより元々そういう子だって考えられるよね。」という考えが生まれるような整理です。

第三次での討論会は、変わったか否かという話題になります。先述したように豆太の人物像を一元化するのではなく、多様な豆太を認めた上で「モチモチの木の灯を見た豆太」をどう価値づけるのかということです。衝動的・偶発的な行為は、成長あるいは停滞の証になるのでしょうか。学習者の日常的な経験を交えながら討論を進めていきます。

導入（第3時）　読み合いで交流の素地をつくる

個々の豆太への印象を交流の中で引き出しつつ叙述と結びつけるために、問いの提示後、グループでの「読み合い」を取り入れます（第2章04）。読み手は場面毎に交代します。

T　では、「読み合い」で本文を確認しながら、豆太がどんな人物なのか考えていきましょう。

C　じゃあ、私から読むね。「『おくびょう豆太』全く、豆太ほど……」

C　五才って一人でトイレ行くの。しかも外。

C　豆太が臆病なんじゃなくて、お父さんとかすごすぎない。くまと組みうちして死ぬってどういうこと。

C　昔はっていうか、強くないと生きていけない感じ。

・「読み合い」では、読み手が止まったところで聞き手は自由に発言し、また続きを読んでいく。
・問いが先に提示されているため関連したつぶやきが多くなるが、直感的な印象や素朴な疑問もやり取りされる。

C 「「やい、木ぃ」モチモチの木って……でっかい木だ。」
C 豆太がつけた名前って面白いよね。こわがってるのに。
C 次のところだけど、実が美味しいから好きは好きなんだよね。
C 「秋になると……そうしなくっちゃだめなんだ。」
C 豆太のしょんべん、けっこう面倒くさいよね。
C 自分でじさまを起こすのに、木の前では出なくなって、じさまの呪文が必要になるってね。
C 「「霜月二十日のばん」そのモチモチの木に、……」
C 一応、豆太もモチモチの木に灯がつくのを見たいんだよね。「ぶるぶるだ。」って言ってるけど。
C ねー、一人じゃないと見られないことになってるけど、豆太が見たのって、医者様と一緒じゃなかったっけ。
C たしかに。「一人の子どもしか」だから大人は数えないってこと？

・「モチモチの木」では、至る所に豆太の人物像にかかわる描写がある。個々に本文を読み探していくよりも、他者と声を出し合い、聞き合いながら読み進める方が有効になる場面といえる。
・「読み合い」は読む範囲によっては、多くの時間がかかる。その分、円滑な考えの形成、交流につながるが、教師が問いに応じて的確に時間や範囲を指示する必要がある。

話し合い（第4時）　競合する考えからさらに追究する

考えが競合する交流（第2章18）は、問いの工夫のみならず、答え方の指定や考え方の確認など学習集団全体での共通理解が生かされることで成立します。

C　「かわいそうで、かわいかった」ってあるよね。

C　「だろう。」ってじさまかな？　語り手がそう思っているだけかもしれないよね。語り手は豆太に厳しいしね。じさま、甘やかしすぎとか思ってそう。

C　じさまが、豆太に優しいのは確かだよね。

C　「起きてて見てみろ。」って言って、見られるのは「勇気のある子どもだけだ。」ってことは、勇気のある子だと思ってるんじゃないの。

・交流の中で考えが競合する状況をつくるためには、学習者がそれぞれの考えを出し合うことが求められる。また、交流グループ内で競合する状況を生み出そうとする共通理解も必要になる。

C　勇気のある子になってほしいんでしょ。

C　私は、じさまは、豆太が勇気のある子だとずっと信じていたと思う。だから、「勇気のある子だったんだからな。」って言ってるんだよ。

C　「勇気のある子だった」ってことは、ちょっと疑ってたってことでしょ。

C　じさまは最初から勇気がある子と思っていたのか、霜月二十日のばんの後、勇気があったんだと思ったのかってことね。

C　じゃあ、豆太の勇気をじさまがどう思っているかは、どっちもありそうだから自分で決めるとして、最後も「弱虫でも」っていってるんだから、弱虫だとは思ってるんでしょ。別に勇気のある弱虫がいてもいいわけだし。

C　そうだね。「やさしささえあれば」って言ってるしね。

・選択肢が生まれてきたところで、許容範囲や優先順位を考えていくことになる。ただ、まとめていくことよりも、そこから新たな問いや着眼点を得ようとする姿の方が望ましい。

・競合を明確化する発話が要になる。検討したことを個々が判断すべきものとして移行している。こういった発話は話し合うことの学習での学びが生かされる瞬間である。

全体共有（第6時）　発言のキーワードを捉えて整理する

学習者は結末部のエピソードを豆太の変容にかかわる側面から考えます。全体共有ではこういった発言を整理しつつ物語構造の側面にも着目させていきます。

C　豆太が結局は変わらなかったってことだと思います。

C　賛成。人はそんなに簡単には変わらないよってこと。

C　反対の意見で、前と同じようにじさまを起こすからといって、豆太が変わっていないことにはならないと思う。

C　私も。豆太にとって元気になったじさまとしょんべんに行けることはうれしいことなんだと思います。

C　いつものじさまが戻って、前より甘えてるみたいな。

C　今の話の続きなんですけど、大事なところでがんばった

・結末のエピソードは、霜月二十日のばんの豆太の行動をゆり戻すようなものである。ただし、人物の行動を多面的に捉える機会にもなるため、丁寧に発話を拾っていきたいところになる。

からって甘えないわけじゃないのは、私もそうかも。

C　別の意見なんだけど、最初と同じ「じさまぁ」を出して、物語のオチみたいなものにしているんだと思います。

T　最後を最初と同じオチにしたっていう発想で今まで出た考え方を説明し直せますか?

C　簡単に変わらないっていうのはまさにオチだよね。

C　なんか豆太の勇気はなくなってないけど、そんなにすごい人になったわけじゃなくて、最初の豆太っぽいところがあって安心みたいな。

C　漫画みたいなスーパーな人が出てきたわけじゃないってことだよね。最初も最後も身近な豆太がちゃんといて、物語が上手く終わるようになっている。

T　物語の組み立てからも豆太を説明できそうですね。

・学習者の発話から読み方を広げる兆しが見られない場合は、躊躇せず教師から観点を提示する。
・教師が発話からキーワードを取り上げる際は、できるだけその言葉を使って学習者に説明させるようにしたい。あくまで教師は着目を促すことに徹し、学習者の気づきを大切にする。
・教師は、展開する話し合いがどんな読み方を用いているのかをはっきりさせる。

4年

ごんぎつね

■単元の概要

本単元は、問いづくりを言語活動とした学習展開です。問いづくりは松本・西田（2020）が提案する「〈問い〉を個々の学習者がもち、集団で検討を通して再考し、読みつつある物語を価値づけるために最良の〈問い〉を追究していく言語活動」（22頁）です。問いづくりの特徴は、読みの更新に伴って、問いも更新されるところです。価値ある問いを追究しようという課題意識によって、学習者が自らの問いを更新していきます。本単元における価値ある問いは、集団の問いを指します（第2章06）。個々の読者がもつ問いの価値は読者本人のものですが、集団の問いの価値は他者とのかかわりを通した学びを期待するもので、集団が共有できる価値です。

集団の問いを更新するためには、問いの評価規準が必要になります。西田は、前提条件として四つを挙げています。このような前提条件を土台に価値ある問いの評価規準が学習集団の学びに応じて策定されることになります（38頁）。

ア．〈問い〉は、交流を通して答えを考える
イ．作品の読みどころを引き出すことを問う
ウ．叙述から答えられないことは問わない
エ．誰が読んでも答えが同じことは問わない

■教材について

読みの交流を念頭にした「ごんぎつね」の教材分析として大村（２０２３）があります。大村は、「語り」「語り手」「視点」「色彩表現・オノマトペ」「物語の設定」「物語の空所」という観点で分析しています。こういった観点は、多様性な解釈を生み出しつつ、物語全体を一貫した読みが生み出されるような要所を明らかにします。ごんの行動や会話、心情の変化、兵十との関係といった学習者が用いる読みの観点だけの分析では、多様な学習者の問いを生かしきることはできません。また、導入で扱う叙述、全体共有で集約したい三つの解釈群は、こういった教材の分析があるからこそ判断できます。

単元計画

次	時	●主な学習活動	・留意点
一	1	●「ごんぎつね」を読み、初発の問いをつくる。 **価値ある問いをつくろう！**	・気づきや直感的な疑問を問いにするように促す。
	2	●物語の大体を捉える。	・人物や場面を整理する。
二	3	●物語の設定を捉える。 例）問い［ごんは、なぜいたずらばかりするのか］	・ごんの人物像を捉えることを重視する。
	4 5	●人物の行動の理由を考える。 例）問い［ごんは、なぜ兵十にくりやまつたけをあげたのか］ 問い［兵十は、なぜうなぎをとっているのか］ 問い［ごんは、なぜ「明くる日も」兵十の家にいくのか］	・行動に着目しながら、その理由を捉えさせるとともに、ごんと兵十の意図や思惑の齟齬についても触れていく。
	6 7	●人物の心情を考える。 例）問い［銃を落とした時、兵十はどんな気持ちだったのか］ 問い［うなずいた時、ごんはどんな気持ちだったのか］	・ある程度ごんや兵十の人物像が理解されてから取り組みたい。
	8	●物語構造を捉える。 例）問い［なぜ「わたし」が聞いた話という設定なのか］ 問い「物語はなぜこの一文で終わるのか」	・語り手や構造に着目する問いがなければ教師から提案する。
三	9	●「ごんぎつね」を読むための価値ある問いを話し合う。	・個々が考える価値ある問いをまとめさせる。

＊第二次は想定される問いを示している。

問いづくりでは、学習集団が次時の問いを決めていきます。学習計画は想定しにくいと思われがちですが、物語の特徴によって学習者の読みは促されますし、集団の問いは教師の意図によってある程度調整することができます。「ごんぎつね」の初発の問いでは、ごんがいたずらをする理由、終末のごんの気持ち、ごんをうつ兵十の気持ちに注目が集まります。ただし、学習者の問いは常に注目度で選ばれ、類似する問いが集約されるわけではありません。扱った問いから次の課題意識をもたせ、学習者の問いの更新につなげます。

問いづくりの学習展開は次のようなものです（50頁）。

①〈問い〉を確認する（５分）
②〈問い〉に対する答えを考える（５分）
③〈問い〉に対する答えをグループで交流する（10分）
④〈問い〉に対する答えをまとめる（５分）
⑤次時に取り組む〈問い〉を考える（５分）
⑥次時に取り組む〈問い〉を全体で交流し、決める（15分）

①〜④は、従来の読みの学習と同じですので、話し合い前・中・後での手立てはもちろん必要になってきます。問いづくりに対応した手立ては、導入や全体共有に表れてきます。

導入（第3時）　協同的な読みで考えをもつ

問いづくりでは、前時、問いを決定するために答えの見当をつけています。交流の前段として「協同的な読み」（第2章02）を行い、それぞれの説明をさらに明確にしておきます。

T　問い［ごんは、なぜいたずらばかりするのか］について、ペアで考えをつくってから交流に入りましょう。
C1　私、全然考えができてないんだけど、いたずらしたかったから？　楽しいから？　なんだけど。どう。
C2　いたずらしたくなる理由を考えればいいんじゃない。まあ、いたずらってそんなにいいことじゃないじゃん。
C1　なんでいたずらするのか。もともと嫌なやつとか。でも、ごんはわりといいやつだよね。かまってほしいとか。

・「協同的な読み」については、学び方の一つとして学級造語をつくっておくと様々な場面で活用できる。
・ここでは、相手の立場でどう考えていったらよいかを助言している。

C2　それいいんじゃない。かまってほしくていたずらする。次はなんでかまってほしいのかを考えればいいね。

C1　そうだね。じゃあ、C1は？

C2　私は、ごんは一人でいるから仲良くする方法がわからないのかなって思ってて。

C1　確かにね。なんだっけ、どの文から考えてるのか見つけようか。

C2　「ひとりぼっちの小ぎつねで、しだのいっぱいしげった森の中に、あなをほって住んでいました。」かな。

C1　挿絵もそうだけど、住んでるところがさみしい感じするよね。他には？

C2　そうだね。暗い感じするよね。あと、「夜でも昼でも」っていう言葉も気になる。他にすることないのかと、本当にいたずらばかりって感じだよね。

・指摘したり助言したりするよりも、相手の考えや発想に共感し励ますことを共通理解しておく。

・相手の読みを一緒に考えることが往々にして自分の考えを深めることにつながる。

・叙述の明確化は、「協同的な読み」でのスタンダードなやり取りになる。自分で確認するよりも、他者への説明の中で叙述を確認する方が気づきは多くなる。

話し合い（第8時） 想定したやり取りを生み出す

交流での学習者のやり取りを想定し、そのような発話が起こるような問いや導入を設定します。次のようなダイアローグ的な発話（第2章14）を想定しておくことが大切です。

C 別に語り手が「わたし」ですよって言わなくてもよかったんじゃないかってことだよね。

C そう。だって「わたし」は最初に出るだけで、ごんのお話の中に出てこないからね。

C 設定だけってことでしょ。どっちでもあんまり変わんないかなと思うけど。「わたし」がいてもいなくても。

C まあね。でも、「村の茂平というおじいさんから聞いた」って、誰から聞いたかも言ってるって詳しすぎるでしょ。

・ダイアローグ的な発話は他者の発話を受け、さらに内容を更新していく。全体として内容がどのように積み重なっていくのかを想定することになる。

C　私の考えね。村にこの話が代々伝わっていますよっていう設定にしたかったんじゃないのかな。ごんのお話っていうだけじゃなくて、終わってないっていうか。

C　あー、いたずらぎつねの悲しい最後が伝わっているってこと。

C　伝わっていると、なんか変わる？

C　ちょっとごんが救われた感じになるんじゃやない。

C　なんで救われるの？

C　いや、ごんはさみしがり屋さんだから、自分をわかってほしかったわけでしょ。死んじゃったけど、ごんのことが一応村に伝わっているってことは、みんなにわかってもらえたみたいな。

C　なるほど。余計悲しい気もするけど。「わたし」が出ないとそういう後の話が想像できないってことね。

・想定から見えてくることとして、①物語内容への気づき、②学習者のかかわり方がある。ここでは、「代々伝わっている」という発話が①に当たる。「わたし」を物語構造に組み込む効果を考える突破口になる。また、「なんか変わる？」といった疑問や説明を補強し合う一連のかかわりが②になる。教師は①②が学習者自身で実現できるか否かを判断し、問いや導入の手立てを設定する。

全体共有（第7時）　観点でのまとめ

うなずいた時のごんの心情は、これまでのごんの行動や心情、兵十との関係性など、様々な要素によって説明されますので、これらを読みの観点で整理していきます。

C　ごんは、兵十と加助の話を聞いて、自分にお礼をいってくれないことを「ひきあわない」といっているぐらいだから、「おまいだったのか」とわかってもらえてうれしいんだと思います。

C　わかってもらえたのは、そうなんですけど、兵十にうたれるっていうのはけっこうつらいことだと思います。「おれと同じ、ひとりぼっちの兵十か。」と思って、勝手に仲間っぽく思っていたので。

・ごんの心内語の中でも、「おれと同じ、ひとりぼっちの兵十か。」や「おれは引き合わないなあ。」は叙述シートにして提示しておきたい。板書では、争点になっていることを書き込み過ぎないように注意が必要である。

T　ここまでのごんの心内語から考えたものでしたね。

C　ごんの行動から考えると、ごんはずっとつぐないをしてきたんだから、うたれてもしかたがないとは思えないでしょ。いわしの失敗も自分で反省して、まつたけを探すまでがんばっているし。

C　ちょっと別の意見で、家に入っちゃったことをしまったと思ってると思います。これまでは家の中にまでは入ってなかったから。

C　それは、兵十が自分だってわかってくれないから勢いで入っちゃったんでしょ。

C　でも、自分がうたれるようないたずらをしてきたのはわかってるでしょ。だから隠れてつぐないをしてるし。

T　ごんの行動に注目すると物語全体が今日の問いにつながってきますね。ごんと兵十との関係から考えた人はいますか？

・全体共有では、教師が発言の内容を確認し過ぎることで停滞が生まれる。教師は、叙述の関連と読み方の整理に努める。

・学習者によっては読みの観点が混在して発言する場合もある。そのような場合は、教師が板書で発話内容を読みの観点に振り分けて提示する。

・行動に限らず、読みの観点を明確にすることで物語全体を捉えていくことにつながる。

大造じいさんとガン

■単元の概要

本単元は、読みの観点を基に読み進めていくような展開をもっています。それは「大造じいさんとガン」が、行動、会話、心情の変化、相互関係など、人物にかかわる各観点で物語全体を通じた読みが可能であるからです。特に、情景描写に着目した読み方を学ぶことに適した教材です。扱いやすさがある反面、情景描写は唐突に取り上げられ、単元の中で浮いた時間になることもしばしばあります。これは、第五学年ではまだ学習者の情景描写に対する認識が弱く、読み方として定着していないことが挙げられます。問いに対する考えとして、学習者が自ら情景描写を取り上げて説明することがないのです。そういった意味で本教材では、以降の読書に生かされる読み方として情景描写に着目した読みをしっかりと単元に組み込んでいます。

第二次は読みの観点毎に読む構造になっているため、毎時の導入や全体共有の形は固定化することができます。導入では観点を基に前時の読みを振り返り、学びの蓄積を明示化します。また、観点が特定されているわけですから全体共有において取り上げる叙述も決まってきます。複数の叙述を示しながら関連づけ、その差異から考えをまとめていきます。

■教材の特性

情景描写が捉えやすいことの他に、「大造じいさんとガン」の大きな特徴として物語構造があります。前書きのみ物語内に表れる「わたし」は、「……山家のろばたを想像しながら、この物語をお読みください。」といって読者を呼び込み、「ごんぎつね」にも通じる額縁構造で、大造じいさん≠語り手、語り手≠作家を読者に宣言します。さらに、「わたしは、その折の話を土台として、この物語を書いてみました。」と、この話が大造じいさんからの伝承であり、自身による編集を伴っていることを吐露しているわけです。

つまり、あえて物語内に顔を出した語り手「わたし」に対して、学習者はその意図や思惑を読むことができるのです。こういった語り手の立場を積極的に読む単元を構想するのであれば、各社の教科書本文の差異を活用した比べ読みも展開できるでしょう。

単元計画

次	時	●主な学習活動	・留意点
一	1	●単元の課題を捉える。 **自分が考える作品の読みどころを紹介しよう。**	・「読みどころ」について全体で共有する。
	2	●物語の全体像を捉える。 **問い［このお話はどのくらいの期間のお話か］**	・時を表す言葉に触れつつ、人物や出来事も確認する。
二	3	●会話文から読みどころを見つける。 **問い［「ううむ」と「ううん」はどのように使い分けられているのか］**	・取り上げた会話文を起点として、他の会話文へ関連を広げていく。
	4	●情景描写から読みどころを見つける。 **問い［「大造じいさんとガン」には、どのような情景描写が用いられているのか］**	・「東の空が…」を導入で扱い、これを起点として、他の情景描写へ関連を広げていく。
	5	●行動から読みどころを見つける。 **問い［大造じいさんが残雪をうたないと決めたのはいつか］**	・いくつかの選択肢を挙げた上で、心情の変化から考えさせる。
	6	●語り手の立場から読みどころを見つける。 **問い［「わたし」はこのお話にどんな印象をもっているのか］**	・「前書き」から語り手の立場を確認して、全体の描写を捉え直すように展開する。
三	7	●テーマと結びつけながら、自分の考える読みどころをまとめる。	・ここまでの読みを網羅的にまとめるのではなく、テーマを考え、読みどころを選ぶことを確認する。

第一次では、「読みどころ」という言葉で単元の課題意識をつくります。読みの学習では、学習者が個々に物語との接点をもつことを期待しています。ただし、個々の趣味趣向は大きな問題です。そもそも面白いと思っていない学習者に「面白さはどこか？」と問うても難しいでしょう。より客観的な批評を求めながらも物語を味わう余地を残すような言葉として「読みどころ」を扱っています。第一次において観点毎に見つけた「読みどころ」を持ち寄り、第三次にまとめていくような単元構造です。

第二次で観点毎に読むことは、場面に切り分けた読みを防いでいます。本教材は場面が分けて示されていることや、人物の行動の区切りのよさから、場面毎に扱われやすいものとなっています。学習者には物語全体を一貫した読みを促したいわけですから、場面毎に授業を進めて効果が上がるとは思えません。

読みの観点で学習を進める際の注意点は、そのまま問いにしないということです（第1章02）。「人物の心情の変化を読み取ろう」では、読みの交流は推進されません。よって問いは、ねらった観点を基に読まざるを得ないものになるよう工夫します。第二次は毎時の展開も類似しています。いずれも問いは特定の描写を取り上げながら、まず部分的な読みを促し、これを基に全体へ読みを広げるといった流れをもっています。

導入（第5時）　読みの観点で学びを振り返る

第5時は、大造じいさんの心情の変化に着目した読みを展開します。前時までに用いた読みの観点を確認しながら、これらを動員した読みを促していきます（第2章09）。

T　ここまで読みの観点を基に読んできました。読みどころも合わせて確認しましょう。

C　はい。人物の行動です。大造じいさんの作戦の面白さとか、残雪をうたない様子が表れています。

C　会話です。残雪に対する大造じいさんの感心した気持ちやお手上げって感じが会話文に表れていました。

C　付け足しで、行動も会話も心情も変化を読んだ方が全体にかかわる感じでした。

・観点を挙げるだけでなく、その観点で読める叙述と内容も確認する。本単元の場合は、単元全体の課題に絡める。

・黒板には、カード化した読みの観点を貼りつつ、叙述を部分的に示す。

C　情景描写は大造じいさんの残雪に向かう心情を……（中略）

T　では、人物の行動、会話、心情、これらの変化、情景描写のような表現、これらの読みの観点を使って今日の問いの答えを考えていきましょう。

問い［大造じいさんが残雪をうたないと決めたのはいつか。］

T　どの観点が生かせそうですか？

C　うつかうたないかを考えるので、行動かなと思います。

T　うたないと決めたってことは考えっていうか、心情を考えていくんじゃやない。

C　付け足しで、うとうと思ってたのが、うたなくなるんだから変化を探すってこと。

C　うたない理由は残雪にあるんだから、大造じいさんと残雪の関係もかかわるでしょ。

T　自分の考えをノートに書いてから交流を始めましょう。

・発言に応じてここまでに扱った観点を確認するとともに、本時の問いを考える上で前提となる内容も挙げておく。本時では、おとり作戦までの変遷を観点とともにおさえる。

・読みの観点を用いた読みは、物語の内容を当てはめることが目的ではない。観点を基に物語全体を捉えようとする読み方を身に付けさせたい。

話し合い（第4時）　他者とかかわりながら読む

本時は、学習者が物語全体を射程として情景描写を探しているため、交流でも個々の注目が交わらない可能性があります。よって、自己内対話の傾向が強くなります。

C　「あかつきの光が、小屋の中にすがすがしく流れ込んできました。」は情景描写かな。ただの明け方の風景かな。

C　いや「すがすがしく」と思ったのは大造じいさんだから、大造じいさんの気持ちが表れてるんじゃないの。

C　「白い羽毛があかつきの空に光って散りました。」は、情景描写だと思うんだけど、残雪とハヤブサが戦っているところなんだけど、すごくきれいな感じの風景に見えてるってどうなの、大造じいさん。

・4名で交流していても、それぞれの発話に全員が反応するわけではないからこそ、個々の読みが成立する。発言を強要するようなルールや雰囲気が支配的であれば、情景描写を順に取り上げる形式的な作業になってしまう。

C　ハヤブサが、「バーンと」入ってきたところだから、この白い羽毛は、残雪じゃなくておとりのガンの羽でしょ。

C　大造じいさんからしたら、自分の方に戻ってこようとしたガンが目の前できれいに蹴られた感じなんじゃない。

C　そうかあ。うわって感じか、驚いた感じか。でもきれいな風景になってるんだよなあ。

C　残雪の羽は「羽が、白い花弁のように、すんだ空に飛び散りました。」だよね。これはもはや感動してるよね。

C　そうだね。花弁って花びらってことでしょ。残雪必死なのに、すごくきれいみたいな。どういう心境。

C　なんか大造じいさん見とれてる感じ多いなあ。「らんまんとさいたスモモの花が、……」のところも見とれた感じ。まあ、だからうたなかったのか。

C　この情景描写、大造じいさんじゃなくて語り手の心情っていう可能性もあるわけでしょ。

・ハヤブサの乱入場面は、場面の緊迫感・臨場感と差し込まれる情景描写のギャップが顕著になる。その分、残雪の姿に魅入られる大造じいさんの心情あるいは語りの思惑が明確に読める。全体共有でも取り上げたい。

・互いの発話が交わっていないようで、受け止められている状況である。発話というよりつぶやきの連続を自然に保てる学習集団を育てていきたい。

全体共有（第3時）　叙述の関連から考えを整理する

第3時は、大造じいさんの会話を取り上げ、そこからわかる心情や変容を読み取ります。読みの観点を切り口としているため、全体共有でも会話文を中心に叙述を提示していきます。

C　「ううむ。」と「ううん。」は大造じいさんの余裕を表していると思います。

T　止めるね。大造じいさんの余裕っていう言葉で説明続けられる人いますか。

C　はい。多分、「ううむ」の時は「思わず感嘆の声をもらしてしまいました。」だから、感心とか驚きとかを出す余裕があったってことで。

・多くの考えが出るというより、取り上げる叙述や理由づけが異なってくる問いの場合、一人一人の説明を短く切りながら、説明をつなげていくことで、解釈の幅が広がっていく。

T　この場面での会話文から考えてもそう言えますか？

C　はい。「しめたぞ。」「ほほうこれはすばらしい。」だから結局一羽だけだったけど、作戦は上手くいってた。

C　「ううん。」は「うなってしまいました。」だから他に反応する余裕がないってこと。

T　この場面の他の会話文から考えると？

C　「しめたぞ。……目にもの見せてくれるぞ。」で、前回と同じく始めは上手くいってて、かなりやる気が出てる。でもタニシばらまき作戦の時は全く取れてない。

C　繰り返しっぽい感じで、さらに取れなかったからショックが大きいんだと思います。しかも、取れない期間が長くなっている分、厳しい状況になってる。

T　この会話文の展開で考えると次の場面はどうですか？

C　「うまくいくぞ。」「さあ、いよいよ戦闘開始だ。」って気合十分、今度こそっていう気持ちです。

・教師は、叙述シートを準備しておき、発言に応じて黒板に提示していく。ここでは「ううむ。」「ううん。」だけでは見出せない場面毎の繰り返し構造と、積み重なっていく年月の関連づけが叙述から見えてくる。叙述の関連づけは、目の前に提示された叙述を用いて、二つの叙述で、三つの叙述で、と丁寧に考えをつくっていくことで考えの変化が実感できる。

6年

やまなし

■単元の概要

文学批評においては作家を視点とした分析が定番です。しかし、今日の小学校・中学校での読みの学習で作家の立場によった読みが積極的に行われることはありません。その理由は読者主体の立場によるものですが、このような状況はむしろ「やまなし＋宮沢賢治」という読み方を貴重な機会にしたといえるでしょう。「宮沢賢治」に対する伝記的背景や風土的背景など、ある程度の情報が学習者のアクセスできるところにあること、児童文学作品としての作品群に対して一定の先行研究がなされていることも後押ししています。

作家の立場を踏まえた読みを促す際には、学習者にそのことが自覚されるべきです。つまり、物語の解釈に作家の意図や人物像を加味するとどのような読みが可能になるのか、妥当性が高まるのかという課題意識をもつということです（作家論を絶対視せず、一つの選択肢として扱うことは言うまでもありません）。想定される作者（内包される作者）と実体としての作家を混同している学習者は多くいます。このような機会に、読むことで概念的に発生する作者像と作家情報によって得られる作家像の差異に触れさせたり、影響される自分の読みを実感させたりするのもよいでしょう。

■教材の特性

「やまなし」に対する読みの交流を踏まえた教材分析として井上（2023）が挙げられます。井上は、学習者の着想や解釈の可能性を取り上げながら先行研究を踏まえ、いくつかの問いを想定し、その中で「わたし」にかかわる問いの重要性を示唆しています。

「やまなし」では、「五月」と「十二月」、二枚の幻灯への読みとその相互関係を象徴という観点で読んでいく展開が一般的です。「かわせみ」は自然の厳しさ、「やまなし」は自然の恵みとして二枚を対比的に扱う読み、かにの兄弟の成長譚として二枚の連関を扱う読みが代表的ですが、いずれにしても幻灯に注目が集まります。井上が指摘するのは、幻灯を見せ、冒頭と結末にあえて顔を出す「わたし」の存在です。「わたし」は幻灯内部にはかかわらない語り手ですが、自身が出ることで幻灯という設定を強調し、物語全体の額縁構造を用意します。二枚の幻灯を聴衆に語る語り手「わたし」の営為は無視できないのです。

単元計画

次	時	●主な学習活動	・留意点
一	1	●初発の感想として、「宮沢賢治」と語り手「わたし」と「かにの親子」、それぞれに着目した気づきや疑問をもつ。	・限定した観点での感想を求めているが、問いの形で提出させ、学習展開に生かしてもよい。
一	2	●単元の課題を捉える。 **作家と語り手と人物、それぞれに注目して物語を読もう。**	・「イーハトーヴの夢」の内容を踏まえつつ、作家に注目した読みについては、第三次で扱うことを共有する。
二	3	●「五月」の場面から象徴について考える。 **問い［「かわせみ」は何を象徴しているのか］**	・象徴という観点での読み方に慣れていない場合は、全体で確認しながら進める。
二	4	●「十二月」の場面をかにの親子と語り手に着目して読む。 **問い［「やまなし」は何を象徴しているのか］**	・「かにの親子」の立場から読み取ったことを基に語り手の立場で象徴について考えさせる。
二	5	●二枚の幻灯の相互関係を考える。 **問い［二枚の幻灯は何を象徴しているのか］**	・語り手「わたし」が二枚の幻灯を提示している状況を確認してから、問いを示す。
二	6	●「やまなし」の主題を考える。 **問い［題名はなぜ「やまなし」なのか］**	・第二次での読みを振り返り、本時の問いの答えにつなげていく。
三	7 8	●「イーハトーヴの夢」から読み取れる宮沢賢治像を捉える。 ●宮沢賢治像を基に「やまなし」の主題を再考する。	・ここに至るまでにも、学校図書館を活用し、宮沢賢治の伝記等を並行読書して作家像をもつように促す。

第一次では単元の学習を見通すために、「やまなし」に加え「イーハトーヴの夢」も範読します。学習者の「やまなし」に対する解釈はどうしても「宮沢賢治」に影響されます。だからこそ、作家の立場を明確にして、「宮沢賢治を意識して読めば……」というモードの切り替えを強調していきます。また、作家「宮沢賢治」を語り手「わたし」から切り離すことで、「わたし」という装置の効果を考えることができます。

第3時からは読みの観点として象徴を扱います。第2章22で述べたように、象徴やテーマのような他の観点での読みを動員するような読みは、丁寧に扱っていくべきです。よって、第3時で定義を押さえつつも、第6時まで継続して課題意識の中核とすることで学習者の理解を深めていきます。なお「クラムボン」は学習者の注目を集めますが、その解釈がテーマにかかわるというより、「やまなし」の世界観を印象づけるようなものです。よって、象徴の概念に触れる第3時の導入や、題名候補が列挙される第6時の全体共有で取り上げていくような扱い方を想定しています。

多くの実践では「五月」「十二月」の幻灯を読むために、板書や模造紙等を使って場面の様子を可視化します。その際は、川底・水面・水上のエリア区分、かにの親子、かわせみ、やまなし、季節や昼夜、流れ、日差しなど、多岐にわたる情報に注意が必要です。

導入（第4時）　ロジックで前時の学びを振り返る

「十二月」の「やまなし」が何を象徴するのかは、「五月」の「かわせみ」を考えることと類似しています。同様の考え方で導入すれば本時の読みを見通すことができます。

T　「かわせみ」は何を象徴しているのですか。

C　かにの兄弟の立場から考えれば自然の怖さ。

C　幻灯を見せている語り手の立場でいえば、食物連鎖という自然界の当たり前を象徴していると思います。

C　まとめていうと、かにの兄弟にとっての無知で、自分たちの周りにある社会の本当の姿みたいなもの。

T　では、主張・根拠・理由づけのセットで隣の人に説明し合いましょう。起立。終わったら座ります。始め。

・問いを確認してから、前時の読みを振り返る。

・「主張・根拠・理由づけ」については、他教科を含め学び方として定着させておく。「三角ロジック」という用語を共有してもよい。

T　では、セットで聞いてみましょう。

C　はい。「かわせみ」は社会の象徴だと思います。「魚かい。魚はこわい所へ行った。」というお父さんの言葉は、かわせみの生きるための行動を子どもにわかる説明にしています。これは、兄弟にはわかる世界とわからない世界があるということで、それが社会なんだと思います。

T　今の説明で根拠を増やせる人いますか。

C　はい。今の説明はかにの兄弟が生きるための行動を理解できていないところがポイントなので、「何か悪いことをしてるんだよ。」も根拠になります。これは魚に向けた言葉だけど、わかっていないという意味では同じです。

T　今日の問いも「象徴」を読むものです。前回の説明を生かせば、本文を根拠として挙げるけれど、それを私たちの生活でも使える言葉に結びつけるために、理由づけが大事になってきますね。

・三角ロジックはマグネット等で、図示できるようにしておき、学習者の発話に合わせて板書していく。

・三角ロジック自体が定着していても、場面に応じて活用できない学習者もいる。本時の問いに用いたとき、どのような課題が出てくるのか、重点的に考えるのはどこなのか、といった見通しをもたせることが必要になる。

話し合い（第3時）　リソースを仮設して交流へ向かう

象徴という読み方に慣れていない学習者への手立てとして「「クラムボン」とは何か」をグループで考え、「五月」の場面やかにの兄弟の様子に対する情報を共有しておきます。

C　クラムボンって泡なんじゃないの。「つぶつぶ暗いあわが流れていきます。」の後の兄弟の会話でしょ。兄弟が勝手に名前をつけてるってことでしょ。

C　でも、笑ってるけど。「はねて」「かぷかぷ」とか。とりあえず、生き物だとは思うけど。

C　賛成。「死んだよ。」「殺されたよ。」の後にもまた「笑ったよ」があるから、一匹二匹とかじゃなく微生物みたいな。プランクトン的なことでしょ。

・リソースを仮設する（第2章10）場合、問いと交流の場の連続性が必要になる。本時の場合、「クラムボンが何か」の答えよりも、抽象的なものの例えについて他者の考え方に触れておくことが重視される。

C　あー。それは納得。ただ、なんでクラムボンとかわざわざ名前つけちゃうのかってことだよ。

C　幻灯のだからさ。なんか海の小さきものたちの命みたいなファンタジーっぽいものなんじゃない。海にただよう命をクラムボンって名前でまとめてるんだよ。

（中略）

T　では、話し合ったことを少し聞いてみましょう。

C　クラムボンは海の中の一番小さな命を象徴している。

T　象徴とはどういう意味で使っていますか？

C　テーマみたいな言葉を具体的な言葉で例えているみたいな意味で使っています。

T　なるほど。今日の問いでも象徴という考え方が必要になります。〇〇を象徴している、または、〇〇を例えている、という言い方が使えそうですね。

・学習者は本時の問いを理解し、意識した上で前段の問いに取り組む。見通しがもてている学習者は本時の問いにつながる発話をし、そうでない学習者には多くの情報が提供されることになる。

・リソースの仮設を意図した場合、前段の問いと本時の問いとの間に教師の整理は必須ではない。ここでは、象徴という概念を多くの学習者に掴ませるためにあえて整理を行っている。

全体共有（第5時） 教師の役割を意識して共有を進める

ここで教師に求められる役割は、①二枚の幻灯が象徴することを整理する、②学習者の発話をつなげる、③全体で共有していくための手立てを用いることです（第2章25）。

C　幻灯は、動と静みたいな対比になっていて、「五月」は「かわせみ」が象徴するような自然の動きがあって、「十二月」は「やまなし」が象徴する自然の恵みがゆったりある。

C　付け足しで、だから語り手は二枚の幻灯を出して、私たちを取り巻く世界を表していると思います。

T　「五月」と「十二月」の昼と夜はどう考えますか？

C　厳しさと優しさの対比だと、昼夜が逆に感じるけど、動

・黒板に最初の一文と最後の一文を配置し、その間の幻灯の関係を可視化していく。

・発話の中で触れられていない部分を指摘（①）しながら、別の学習者に説明を補足させたい。

と静って考えれば日光と月光はぴったりだよね。

C　ちがう意見なんですけど、かにの親子の立場で読むと、「五月」と「十二月」で成長物語になってると思います。世界を知らなかったかにの兄弟が世界を知っていく。

C　私もそう思っていて、しかも「十二月」のお父さんは自分の都合でお酒に変えようとしている感じが、単純じゃない大人への成長を表していると思います。

T　お父さんの存在と兄弟の成長はどうつながりますか？

C　兄弟が成長した先が一応大人のお父さんになるわけで、そのお父さんは知識をもっている分、なんかずる賢いっていうか、成長って知識を得るだけじゃないってこと。

（中略）

T　語り手が対比を使って世界を示している案と、かにの兄弟の二枚の幻灯を通じた成長物語案が出ました。それぞれについてペアで話し合って考えを整理しましょう。

・学習者の発話は、本人たちが思っているほど、はっきり連結していない場合が多い。だからこそ、教師は自身が説明するのではなく、丁寧に連結を促し、学習者相互にこれを果たせるようにしたい。（②）

・全体共有で取り上げ、板書でまとめた考えであっても個々の学習者が理解しているとは限らない。表現を伴う活動を差し込むことで共有した情報を浸透させたい。（③）

あとがき

今日、読みの交流にかかわる研究は、実践の場から多様な広がりをみせています。そこでは、多くの実践者が様々なアプローチで読みの交流の充実を図っています。例えば、交流を促す問い、交流の足場づくりとなるような学習活動、自他の相互作用を促進するための学習展開、交流環境のデザインといった提案です。

こういった取り組みには、場当たり的なアプローチを避けようとする意識があります。読みの交流の活動的な側面に注目が集まり、方法論が潮流となれば、文学を読むという本質を軽視するような事態が危惧されるからです。また、実践の場で多用される「理論」という言葉にも注意が払われています。「論理的に説明される」や「公的機関からの情報を踏まえている」といった意味で用いられる場合も多くあるからです。問われているのは実践の場での探求に応える理論的知見の有無です。松本（2022）は読みの学習における教材研究について、「教材研究という領域を研究のつながりとして維持していくためには、実践者も研究者も、程度の違いはあっても先行研究の渉猟と、読みにかかわる可能性のある細部の精細な読みという手続きは踏まなければならないであろう。」（p.191）と述べています。教材研究のみならず、実践の場にあっても先行研究と向き合う姿勢は欠かせないのです。

２０１８年、国語科学習デザイン学会の創設にあたり代表理事の松本修先生は、学会の理念を掲げ、次のように述べています（松本、２０１８、１頁）。

１　学習材の本質を穿つ分析・研究に根ざす
２　学習者に寄り添う明確な学習目標を持つ
３　オーセンティックな学習活動と評価を重視する

この理念の基に、国語科の学習材の本質に根ざした学習について、実践的・臨床的な研究を進め、その成果を共有することがこの学会の目的です。

学界を展望すると、一方では、アカデミックな研究が進展していくなかで、国語科の授業そのもの、教材研究そのものについての探究は、かつてほど研究の中心を占めるものではなくなってきています。その一方で、省察を欠いた実践の発表が運動体に近い活動の中で活発になされています。理論と実践の往還が理念として叫ばれる中で、むしろその二つの乖離がおきかねない状況です。

国語科学習デザイン学会に限らず、実践の場からの研究の発展は、国語教育研究にかかわる多くの学会が目指すものとなっています。第143回全国大学国語教育学会千葉大会のシンポジウムでは、テーマを「新しい実践学としての国語教育学を探る」として議論が交わされました。登壇した佐藤多佳子先生が述べた国語教育研究の在り方には、次の二つのことが強く示されていました。

・実践的な国語教育研究においては、高い新規性より、信頼性（ロジック・方法の丁寧さ、学習者の事実）と汎用性が重視される
・国語教育研究はサイエンスではなく、ヒューマニティである

「師の言葉を借りて」として明示された佐藤先生の提言は、国語教育研究を進めようとする私にとって、顧みるべき箴言になりました。

2023年4月、私は兵庫教育大学に着任し新しい生活を始めました。本書は兵庫の地

で執筆しております。力不足と不安を感じる日々でしたが、言語系教科マネジメントコース（国語）の先輩、吉川芳則先生、羽田潤先生にお会いできたことは大きな支えとなりました。仕事が遅々として進まない私に対して、惜しげもなくご自身の時間と労力をさき、ご指導・ご助言をくださいました。感謝を申し上げます。

また、本書の企画・編集にあたりご尽力をいただいた明治図書教育書編集部の大江文武さんに、感謝を申し上げます。大江さんには細部に至るまで貴重なご意見をいただきました。一緒に仕事をさせていただくたびに多くのことを教えていただいております。

本書は、校内研究会で出会った先生方から私自身が学んだことを扱いました。先生方が研究協議の中で疑問をもたれ、議論されたことは示唆に富むものでした。日々、実践の場で学習者の学びをつくる先生方の探究心は、より実践的により理論的に、尽きることはありません。本書での提案を議論の俎上に載せ、これからも多くの先生方と共に国語教育研究を進めて参りたいと存じます。

２０２４年６月

西田　太郎

引用文献

・秋田喜代美（２０００）『子どもをはぐくむ授業づくり〈シリーズ教育の挑戦〉』岩波書店
・秋田喜代美（２００８）「文章の理解におけるメタ認知」『メタ認知　学習力を支える高次認知機能』北大路書房、pp.97-109
・井上尚美（２００７）『思考力育成への方略―メタ認知・自己学習・言語論理―〈増補新版〉』明治図書出版
・井上功太郎（２０２３）「やまなし　教材研究の目」『小学校国語科　物語の教材研究大全　５・６年』明治図書出版、pp.136-143
・上野直樹（１９９６）「協同的な活動を組織化するリソース」『認知科学』3巻2号、pp.5-24
・宇佐美寛（２００１）『宇佐美寛・問題意識集２　国語教育は言語技術教育である』明治図書出版
・大村幸子（２０２３）「ごんぎつね　教材研究の目」『小学校国語科　物語の教材研究大全　３・４年』明治図書出版、pp.168-179
・上月康弘（２０２３）「モチモチの木　教材研究の目」『小学校国語科　物語の教材研究大全　３・４年』明治図書出版、pp.82-93
・佐々木正人（２０１５）『新版　アフォーダンス』岩波書店
・佐藤公治（１９９６）『認知心理学からみた読みの世界―対話と協同的学習をめざして―』北大路書房
・佐藤多佳子（２０２３）「おおきなかぶ　教材研究の目」『小学校国語科　物語の教材研究大全　１・２年』明治図書出版、pp.82-93
・佐藤学（２０１２）『学校改革の哲学』東京大学出版会

・三宮真智子（２００８）「メタ認知研究の背景と意義」『メタ認知　学習力を支える高次認知機能』北大路書房、pp.1-16
・渋谷孝（２００８）『国語科教育はなぜ言葉の教育になり切れなかったのか』明治図書出版
・住田勝（２０１５）「読書能力の発達」『読書教育を学ぶ人のために』世界思想社、pp.183-214
・住田勝・寺田守・田中智生・砂川誠司・中西淳・坂東智子（２０１６）「社会文化的相互作用を通して構成される文学の学び―「ヴィゴツキースペース」を用いた「高瀬舟」の授業分析―」『国語科教育』第79集、pp.39-46
・関田一彦・安永悟（２００５）「協同学習の定義と関連用語の整理」『協同と教育』第1号、pp.10-17
・鶴田清司（１９８４）「授業における沈黙の意味―武田常夫の事例を中心に―」『東京大学教育学部紀要』第23巻、pp.377-386
・鶴田清司（２０１０）『〈解釈〉と〈分析〉の統合をめざす文学教育　新しい解釈学理論を手がかりに』学文社
・鶴田清司・河野順子（２０２３）『論理的思考力・表現力を育てる「根拠・理由・主張の3点セット」を活用した国語授業づくり』明治図書出版
・寺田守（２０１２）『読むという行為を推進する力』溪水社
・桃原千英子（２０１０）「入れ子構造をもつ文学作品の読解」『Group Bricolage 紀要』No.28、pp.18-33
・仲本美央（２０１５）『絵本を読みあう活動のための保育者研修プログラムの開発―子どもの成長を促す相互作用の実現に向けて―』ミネルヴァ書房
・西川純・片桐史裕（２００７）『学び合う国語―国語をコミュニケーションの教科にするために―』東洋館出版社
・西田太郎（２０１８）「メタ認知的活動を意図した文学の読みの学習」『国語科教育』第83集、pp.33-41
・西田太郎（２０１９ａ）「読みの交流における解釈のリソースの働きに関する検討―小学校第４学年の実践を通して―」『日本体育大学大学院教育学研究科紀要』第2巻第2号、pp.305-320
・西田太郎（２０１９ｂ）「協同的な読みの負荷による学習者の相互作用」『国語科学習デザイン』第３巻第１号、pp.22-31

・西田太郎（２０２１）「社会文化的な文脈に着目した読みの交流の学習デザイン」日本体育大学、博士論文
・西田太郎（２０２２ａ）「集団の問いを生み出す問う力の育成」『子どもと創る「国語の授業」』No.77、東洋館出版社、pp.2-5
・西田太郎（２０２２ｂ）「「読み合い」による読みの交流の足場づくり」『国語科教育研究　第１４３回千葉大会（対面開催）研究発表要旨集』全国大学国語教育学会、pp.51-54
・西田太郎（２０２３ａ）「小学３・４年　物語教材を読み解く教材研究の目」『小学校国語科　物語の教材研究大全３・４年』明治図書出版、pp.8-16
・西田太郎（２０２３ｂ）「自己の読みへ向かう交流の考案―説明行為に対する検討を起点として―」『国語科教育研究第１４５回信州大会研究発表要旨集』全国大学国語教育学会、pp.51-54
・深谷達史（２０１６）『メタ認知の促進と育成―概念的理解のメカニズムと支援―』北大路書房
・府川源一郎（１９８５）『文学教材の《読み》とその展開―教材研究から授業実践へ―』新光閣書店
・松下佳代（２０２１）『対話型論証による学びのデザイン　学校で身につけてほしいたった一つのこと』勁草書房
・松本修（２００６）『文学の読みと交流のナラトロジー』東洋館出版社
・松本修（２０１５）『読みの交流と言語活動　国語科学習デザインと実践』玉川大学出版部
・松本修（２０２２）「読むことの教材論に関する研究の成果と展望」『国語科教育学研究の成果と展望Ⅲ』渓水社、pp.185-192
・松本修・佐藤多佳子（２０１６）「「きつねのおきゃくさま」における誤読による読みのモード」『臨床教科教育学会誌』第16巻第2号、pp.113-120
・松本修・佐藤多佳子・桃原千英子編著（２０２２ａ）『中学校国語科　続・その問いは文学の授業をデザインする』明治図書出版
・松本修・佐藤多佳子・桃原千英子編著（２０２２ｂ）『高等学校国語科　続・その問いは文学の授業をデザインする』

明治図書出版
・松本修・桃原千英子（２０２０）『中学校・高等学校国語科　その問いは、文学の授業をデザインする』明治図書出版
・松本修・西田太郎（２０１８）『その問いは、物語の授業をデザインする』学校図書
・松本修・西田太郎（２０２０）『〈問い〉づくりと読みの交流の学習デザイン』明治図書出版
・溝上慎一（２０１４）『アクティブラーニングと教授学習パラダイムの転換』東信堂
・山元悦子（２０１６）『発達モデルに依拠した言語コミュニケーション能力育成のための実践開発と評価』溪水社
・山元悦子（２０２１）「幼児の物語理解プロセスの究明　５・６歳児を対象とした絵本の読み合い時の反応に着目して」『福岡教育大学紀要』第70号、第1分冊、pp.61-74
・山元隆春（２００１）「文学の授業にとって「読者論」とは何か」『国語科教育研究第１０１回長崎大会発表要旨集』全国大学国語教育学会、pp.174-177
・山元隆春（２０１４）「研究仮説」『言語コミュニケーション能力を育てる―発達調査をふまえた国語教育実践の開発―』世界思想社、pp.5-11
・Gavelek.J.R., & Raphael.T.E.（1996）Changing talk about text: New roles for teachers and students. Language Arts.73 (3), pp.182-192.
・Johnson.D.W., Johnson.R.T., & Smith.K.A.（1998）Active learning: Cooperation in the classroom. Edina, MN: Interaction Book Company.
・Mercer.N.（2008）The Guided Construction of Knowledge: Talk amongst Teachers and learners, Clevedon: Multiligual Matters Ltd., 2008（7th）.p.104
・Toulmin.S.（1958）The Uses of Argument. Cambridge University Press（updated ed.2003）戸田山和久・福澤一吉訳（２０１１）『議論の技法―トゥールミンモデルの原点―』東京図書

【著者紹介】
西田　太郎（にしだ　たろう）
兵庫教育大学大学院准教授。博士（教育学）。広島県呉市生まれ。東京学芸大学を卒業後，公立小学校に勤務，その間に玉川大学教職大学院，日本体育大学大学院教育学研究科博士後期課程で学ぶ。群馬県内の大学での勤務を経て，現職へ。

［著書等］
『その問いは、物語の授業をデザインする』（学校図書，2018，編著）
『小学校国語科　〈問い〉づくりと読みの交流の学習デザイン　物語を主体的に読む力を育てる理論と実践』（明治図書出版，2020，共著）
『小学校国語科　物語の教材研究大全　３・４年』（明治図書出版，2023，編著）

だから、その話し合いで
子どもの「読み」は深まらない

2024年８月初版第１刷刊　©著　者　西　田　太　郎
発行者　藤　原　光　政
発行所　明治図書出版株式会社
http://www.meijitosho.co.jp
（企画）大江文武（校正）阿部令佳
〒114-0023　東京都北区滝野川7-46-1
振替00160-5-151318　電話03（5907）6701
ご注文窓口　電話03（5907）6668
＊検印省略
組版所　株式会社木元省美堂

Printed in Japan　ISBN978-4-18-325720-8